[redacted]

[redacted]

Christian Götz

Der ganze Unterschied ist in den Röcken

Christian Götz

Der ganze Unterschied ist in den Röcken

Frauen, Männer und der ewige Kampf der Geschlechter

Eine kleine Kulturgeschichte
in 555 ausgewählten Aphorismen
und Zitaten sowie einem Essay

Die Deutsche Bibliothek – CIP-Einheitsaufnahme

Der ganze Unterschied ist in den Röcken: Frauen, Männer und der ewige Kampf der Geschlechter; eine kleine Kulturgeschichte in 555 ausgewählten Aphorismen und Zitaten sowie einem Essay / Christian Götz. – Dortmund: QuaMedia, 1998
ISBN 3-931981-03-7

Gestaltung:
bild-werk, Dortmund

Gesetzt aus den Schriften Scala und Scala Sans

Druck:
druck-partner essen

Umschlag-Illustration:
Hapo Steffen

Illustrationen auf den Innenseiten:
© Luc(as) de Groot, 1994

Himmel und Welt teilen

ein Essay

Die Zeit ist reif für einen Waffenstillstand im Kampf der Geschlechter

Für Frauen und Männer gilt: Seit jeher rangieren auf der Skala der Lebensziele die »Beziehungsfragen« ganz oben. Alle hegen sie zumindest Hoffnungen auf eine erfüllte Liebe, eine glückliche Ehe oder harmonische Partnerschaft. Das bestätigen Meinungsumfragen, seitdem solche statistischen Erhebungen vorgenommen werden. Aber auch lange vorher dachten die Menschen offensichtlich nicht anders. So betonte der Philosoph Arthur Schopenhauer, der sich in vielfältiger, oft provozierender Weise mit dem Verhältnis zwischen Frauen und Männern auseinandersetzte, schon vor mehr als 150 Jahren: »Das Verhältnis der Geschlechter ist der unsichtbare Mittelpunkt aller Handlungen.«

Beide Seiten machten – und machen bis auf den heutigen Tag – die Erfahrung, daß es nicht einfach ist, nach den selbst gesetzten Prioritäten zu leben. Die Gründe für solche Defizite liegen auf der Hand: Immer noch wissen Frauen und Männer – bezogen auf den jeweiligen Kern ihres Wesens – viel zuwenig voneinander. Tradierte Bilder und tiefverwurzelte Vorurteile erschweren wechselseitig Offenheit, Verstehen und Zugang. Im alltäglichen Umgang werden häufig Fehler wiederholt, die für menschliche Beziehungen schon seit Generationen abträglich sind.

Richtig ist, daß niemand über »Patentrezepte« für eine befriedigende oder gar glückliche Partnerschaft verfügt. Doch gibt es Erfahrungen und Verhaltensweisen, die sich in der Praxis bewährt haben. Daran können Frauen und Männer sich orientieren. Summa summarum will das vorliegende Buch einen Beitrag dazu leisten, daß beide Geschlechter sich künftig differenzierter wahrnehmen und (auch deshalb) besser miteinander umgehen und auskommen.

Aufklärung in ungewöhnlicher Form

Die Form der Aufklärung ist ungewöhnlich. Präsentiert werden ein Essay sowie 555 passende Aphorismen und Zitate aus Vergangenheit und Gegenwart. Insgesamt kommen 291 Autorinnen und Autoren zu Wort. Damit ist ein breites Meinungsspektrum garantiert.

Auffallend ist, daß in einer Publikation zum »ewigen Kampf der Geschlechter« nur 50 Autorinnen zitiert werden. Dieses unbestreitbare Manko ist nicht dem Herausgeber anzulasten. Tatsache ist nun einmal, daß Frauen in der »kleinen Form« der Schriftstellerei qualitativ durchaus stark, quantitativ aber nur relativ schwach vertreten waren und sind. Davon ausgehend, wurden die realen Möglichkeiten ausgeschöpft.

Zur »kleinen Form« der Literatur zählen Aphorismen, Aperçus, Sprichwörter, Bonmots und Zitate. Im übrigen bezieht sich die Bezeichnung »klein« nur auf den Umfang. Der Aussagewert solcher Kurztexte steht hinter dem von Langtexten durchaus nicht zurück; das gilt ausdrücklich auch für den Lesegenuß. Zumindest aus der Sicht des Herausgebers ist damit zugleich die Frage beantwortet, ob sich eine »kleine Kulturgeschichte« überhaupt mit solchen schriftstellerischen Mitteln erstellen läßt.

Dabei bestehen natürlich auch hinsichtlich dieser Literaturgattung einige Qualitätsunterschiede. Im besten Fall stellt ein Aphorismus oder ein vergleichbares Zitat eine – in wenigen Zeilen oder sogar nur in einem Satz formulierte – Beobachtung, Schlußfolgerung oder Weisheit dar; und zwar in präziser, schöner Sprache. Die Chance, Aphorismen und Zitate zu finden, die diesem Anspruch gerecht werden, hat nur, wer umfassend und sorgfältig recherchiert. Für die vorliegende Anthologie wurden rund zehntausend Kurztexte gesichtet, gelesen und bewertet, wobei die letztlich getroffene Auswahl logischerweise subjektiv ist.

Auf eine Besonderheit sei noch aufmerksam gemacht: In allen Kapiteln enthält diese Anthologie in erheblichem Umfang auch Aphorismen und Zitate mit voneinander abweichenden oder sogar gegensätzlichen Aussagen. Das ist kein Zufall, sondern Absicht. Einerseits geht es um Meinungsvielfalt; andererseits sollen gerade beim Thema »Kampf der Geschlechter« die Widersprüche nicht ausgeklammert werden, die zum realen Leben und zu den Erfahrungen jedes einzelnen gehören.

Die Leserinnen und Leser mögen selbst entscheiden, womit sie sich identifizieren können beziehungsweise was sie ablehnen. Beide Reaktionen befördern das eigene Denken – und nur darauf kommt es schließlich an.

Unterdrückt, verschwiegen und ausgegrenzt

In den ersten Kapiteln des Buches werden »Bilder« von Frauen und Männern gezeichnet. Die entsprechenden Aphorismen und Zitate bedürfen keiner Interpretation; sie sprechen – einzeln und in ihrer Summierung – für sich. Damit der Anspruch, eine »kleine Kulturgeschichte« zu schreiben erfüllt wird, ist es dagegen angebracht, historische Hintergründe und gesellschaftliche Zusammenhänge zu beleuchten.

Zunächst ist es eine unumstößliche Tatsache, daß Frauen über die Jahrtausende in ihren Rechten und Lebenschancen unterdrückt und benachteiligt worden sind; das galt mehr oder weniger für alle Kulturen. Wer das heute noch bestreitet, verliert seine Glaubwürdigkeit oder gibt sich der Lächerlichkeit preis. In der *»Brockhaus-Enzyklopädie«* (Ausgabe 1988), die sich als »neutrale Instanz« anführen läßt, steht zur Einleitung des gesamten Kapitels über Frauen: »Die Kulturgeschichte der Frauen stellt sich im wesentlichen als eine Geschichte des Verschweigens, der Ausgrenzung und der Absenz dar. Dem weitgehenden Ausschluß der Frauen aus den geschichtsprägenden politischen und kulturellen Institutionen entspricht die marginale Stellung der Frauen in der historischen Überlieferung. Um so materialreicher ist die Geschichte der Frauenbilder und der Mythen des Weiblichen, an deren Schaffung die Frauen selbst nur in sehr begrenztem Umfang beteiligt waren. Erst in den letzten zwei Jahrzehnten ist die realhistorische Präsenz der Frauen verstärkt in das Blickfeld der Forschung gerückt. Neben der feministisch orientierten Frauenforschung befaßt sich auch zunehmend die Sozial-, Kultur- und Geschichtswissenschaft mit der Rolle der Frau im historischen Prozeß.«

Die Unterdrückung und Benachteiligung der Frau wurde mit »natürlichen« – oft hieß es auch »von Gott gewollten« – Unterschieden zwischen den Geschlechtern begründet und gerechtfertigt. So erübrigten sich moralische Skrupel und schlechtes Gewissen. Als typisches, vergleichsweise harmloses Beispiel sei die entsprechende Passage aus der 1887 in Leipzig erschienenen Ausgabe von *»Meyers Konversationslexikon«* zitiert: »Beim Weibe behauptet das Gefühl, beim Manne dagegen die Intelligenz, das Denken die Oberhand. Die Phantasie des Weibes ist lebhafter als die des Mannes, erreicht aber selten die Höhe und Kühnheit wie bei letzterem ... Er ist auch zu abstrakten Forschungen mehr geeignet als das Weib. Den Mann charakterisiert ein gewisser Egoismus, das Weib ist geneigt zur Hingebung.«

Ziemlich genau zu demselben Zeitpunkt, nämlich in ihrem 1888 erschienenen politisch-philosophischen Buch »Das Maschinenzeitalter«, beschäftigte sich auch BERTHA VON SUTTNER mit den unterschiedlichen Rollenzuteilungen. Die »Friedensbertha« war eine resolute Frauenrechtlerin, und als Betroffene formulierte sie kritischer und schärfer: »Man war gewohnt, den *einen* tatsächlichen Unterschied, nämlich den Unterschied des Geschlechts, auf beinahe alle Merkmale auszudehnen und sich unter ›Frauen‹ eine Klasse von Wesen vorzustellen, die in *jeder Hinsicht* – in geistiger geradeso wie in körperlicher – mit ganz anderen Eigenschaften ausgestattet waren als ihre männlichen Mitwesen, und daher eine Art Neben- oder vielmehr Unterabteilung des Menschentums bildeten ... Nicht, was sie selbst vorstellten, bestimmte ihren Menschenwert und ihre gesellschaftlichen Rechte, sondern das, was ihnen des Mannes Huld gewährte.«

Bertha von Suttner ging von der »Gleichwertigkeit« der Geschlechter aus. Sie wandte sich entschieden dagegen, Frauen und Männern von vornherein ganz bestimmte Tugenden oder Laster zuzuschreiben: so den Frauen »Mäßigkeit und Milde, aber auch Gefallsucht und Verstandesleere«; den Männern »Mut und Tatkraft, aber auch Ausschweifung und Rauflust«. Wenn Frauen und Männer bestimmte, inzwischen als geschlechtsspezifisch eingestufte negative oder positive Verhaltensweisen an den Tag legten, dann sei das nicht auf »natürliche Anlagen« zurückzuführen, sondern auf das Ergebnis von Rollenzuteilung und Erziehung.

An dieser Stelle sei angemerkt, daß die weitaus meisten Aphorismen und Zitate über Frauen von Männern stammen. Sie spiegeln deren Beobachtungen und Erfahrungen, Erwartungen und Wünsche über das, was Frauen sind oder sein sollten, wider. Deshalb ist beim Lesen eine gewisse Skepsis angebracht. In diesem Sinne gestand der französische Theologe und Philosoph FRANCOIS POULAIN DE LA BARRE, lange bevor es eine Emanzipationsbewegung gab, ein: »Alles, was Männer über Frauen geschrieben haben, muß verdächtig sein; denn sie sind zugleich Richter und Partei.«

Niemand sollte sich etwas vormachen: Frauenunterdrückung ist kein Relikt des »finsteren Mittelalters«, sondern ein Thema der jüngeren Geschichte – mit Nachwirkungen bis in die Gegenwart. Das gilt auch für Deutschland. In diesem Zusammenhang sind nur einige gravierende Daten und Fakten in Erinnerung zu rufen:

- Bis zur letzten Jahrhundertwende durften Ehemänner ihre Frauen ungestraft schlagen, denn sie hatten ein rechtlich verbürgtes »Züchtigungsrecht«.

- Erst mit der Novemberrevolution von 1918 – und nach langem Kampf – wurde Frauen das volle Wahlrecht zugestanden. Damit hatten die Frauen auf dem politischen Feld zwar einen wichtigen Etappensieg erzielt, aber an ihrem minderen Rechtsstatus im privat-familiären Bereich änderte sich nichts. Das *Bürgerliche Gesetzbuch* vom 1. 1. 1900 blieb in Kraft. Danach hatte der Mann die Entscheidungskompetenz in allen Angelegenheiten des ehelichen Lebens: So bestimmte er über den Wohnort und besaß die alleinige elterliche Gewalt über die Kinder. Er verwaltete das Vermögen, auch das der Ehefrau; während der Ehe erworbenes Vermögen gehörte ihm allein. Die Frau war verpflichtet, den Haushalt zu führen und – wenn vom Ehemann gefordert – in dessen Geschäft mitzuarbeiten.
- Erst seit 1956 (!) sind Frauen berechtigt, ohne Einwilligung ihres Ehemannes ein Arbeitsverhältnis einzugehen oder ein eigenes Bankkonto zu unterhalten. Dieses späte Zugeständnis an Mündigkeit war die Folge davon, daß in den fünfziger Jahren in der Bundesrepublik Deutschland alle grob gegen den Gleichberechtigungsgrundsatz Artikel 3, Absatz 2 des Grundgesetzes verstoßenden Vorschriften außer Kraft gesetzt wurden. Das führte im Laufe der Zeit zu vielen weiteren positiven Veränderungen für Frauen, z. B. im Scheidungs- und Namensrecht, aber auch im Arbeitsrecht.
- Die traditionellen Geschlechterrollen wurden in dieser Zeit aber weiterhin »gepflegt«, propagiert und als Waffe im Kampf gegen die immer lauter erhobenen Forderungen nach Gleichberechtigung instrumentalisiert. Die Frauenzeitschrift »*Brigitte*« verbreitete noch im Jahre 1962 die »Erkenntnis«: »Der Mann ist von Natur aus der Frau an Körperkraft überlegen, er denkt schneller und reagiert sachlicher – Eigenschaften, die ihn zum Führen befähigen. Er ist der Fordernde, der Erobernde – keine Gleichberechtigung wird daran etwas ändern. Es ist ein Ur-Instinkt,

der ihn treibt, der gleiche Ur-Instinkt, der auch in den klügsten und unabhängigsten Frauen die Sehnsucht hervorruft, sich einem Mann zu unterwerfen.«

Frauen – Siegerinnen der jüngeren Geschichte

Trotz dieser Negativ-Liste können die Vorkämpferinnen der Gleichberechtigung an der Schwelle zum 21. Jahrhundert eine positive Bilanz ziehen. In der zitierten »*Brockhaus-Enzyklopädie*« heißt es dazu: »Das 20. Jahrhundert bedeutete für die Frauen die Anerkennung als freies und unabhängiges Rechtssubjekt, die wachsende Integration in das Berufsleben, verbesserte Bildungs- und Ausbildungsqualifikationen, vermehrte Teilhabe am öffentlichen Leben, wachsende Eigenständigkeit im Bereich der Kulturproduktion, größere Unabhängigkeit von der familiengebundenen Existenzform und die Möglichkeit sexueller Selbstbestimmung.«

Das Lexikon verweist auf die Ansicht des amerikanischen Publizisten und Soziologen DANIEL BELL, nach der die in den letzten Jahrzehnten in Gang gesetzten Veränderungen im Status der Frauen zu dem »großen, fundamentalen strukturellen Wandel« dieser Zeitepoche gehören.

Auf jeden Fall gibt es für die Frauenbewegung nicht den geringsten Grund, die eigene Erfolgsbilanz zu schmälern, wie das nicht selten durch heutige Vertreterinnen geschieht, die fast ausschließlich auf noch bestehende Defizite fixiert sind. In einem Beitrag zum Thema »Wie sich das Frauenbild in 40 Jahren gewandelt hat«, der in der »*Frankfurter Rundschau*« vom 4.5.1996 veröffentlicht wurde, zog MARGARETA BLOOM folgendes Resümee: »Häufig werden die Erfolge der Frauenbewegung geringgeachtet. Die einen lamentieren darüber, daß sie nur wenige ihrer ursprünglichen Ziele erreicht haben und daß sich in Wirklichkeit ja doch kaum etwas zum Positiven gewandelt habe – den anderen sind die heutigen Freiheiten selbstverständlich, sie wissen nichts mehr von den Kämpfen der Frauenbewegung. Das ist ungerecht. Denn die Freiheitsräume für Frauen haben sich in den letzten 40 Jahren grundlegend gewandelt. Und sie sind es wert, verteidigt zu werden.«

ANJA MEULENBELT, weit über die Grenzen ihrer niederländischen Heimat hinaus bekannte Feministin und Schriftstellerin, merkte in einem Rückblick auf die Frauenbewegung nicht ohne Zorn an: »Es ist viel erreicht worden. Doch vieles von dem, was im Grunde genommen nur recht und billig ist, ist für uns inzwischen so normal, daß wir vergessen haben, daß wir oder unsere Vorgängerinnen dafür kämpfen mußten. Ist irgend jemand noch dankbar dafür, daß wir heute das Wahlrecht besitzen? Es braucht nur ein bißchen zu regnen, und schon gehen wir nicht mehr zur Wahlurne. Die Feministinnen vor uns, die sich vor die Pferde geworfen, an Zäune angekettet haben, um das zu erreichen, würden sich im Grab umdrehen, wenn sie wüßten, wie achtlos wir mit diesen, historisch gesehen erst frisch erworbenen Rechten umspringen.«

ALICE SCHWARZER war einst *die* Symbolfigur der Frauenbewegung in Westdeutschland. Sie trat unter der Parole »Frauen begnügen sich nicht mehr mit der Hälfte des Himmels, sie wollen die Hälfte der Welt« an und machte den »kleinen Unterschied« zum großen gesellschaftlichen Thema. Ihr abgewogenes Urteil lautet: »Frauen haben eine Stimme bekommen, und das allein ist schon ein großer Fortschritt.« Daß junge Frauen nicht an Emanzipation interessiert seien, hält sie für ein Gerücht: »Für diese Generation ist es nur selbstverständlicher, ihre Chancen wahrzunehmen.«

Im übrigen lassen sich jüngere Geschichte sowie Stand der Frauenfrage und Frauenbewegung recht anschaulich am Lebensweg der Herausgeberin der Zeitschrift *»Emma«* illustrieren: Alice Schwarzer, Jahrzehnte als Bürgerschreck verschrieen, umstritten und gehaßt, wird heute von der Gesellschaft überwiegend akzeptiert. In Anerkennung ihrer Leistungen »für Volk und Staat« wurde sie mit dem Bundesverdienstkreuz ausgezeichnet und nahm es – zur Verwunderung mancher – auch dankend an. Marion Gräfin Dönhoff, als »große alte Dame« und konservativ-liberale Herausgeberin der »*Zeit*« aus einer ganz anderen Generation und gesellschaftlichen Schicht kommend, wählte ausgerechnet Alice Schwarzer zu ihrer Biographin.

Nach Meinung der »Feministin der ersten Stunde« hat sich die Frauenbewegung verändert, weil sie »angekommen« ist. Das gilt auch für Alice Schwarzer selbst; sie ist heute etabliert,was übrigens ohne Kritik oder Häme konstatiert wird. Sie teilt ihr »Schicksal« mit vielen Männern aus der 68er-Bewegung, die damals »auf den Barrikaden« gegen ein politisches System standen, zu dessen engagierten Bewahrern und Förderern sie heute gehören.

Adams alte Rolle ist ausgespielt

Die Geschichte kennt neben den Siegern immer auch Verlierer. Im »Kampf der Geschlechter«, der in den letzten Jahrzehnten verschärft geführt wurde, sind das eindeutig die Männer, eine für diese ungewohnte und frustrierende Erfahrung. Während die Frauen Schritt für Schritt an Terrain und Selbstbewußtsein gewannen, geriet gleichzeitig das traditionelle Männerbild immer stärker in die Krise:

- Bestimmte Eigenschaften, die seit jeher Profil und Selbstwertgefühl des Mannes prägten, gelten immer weniger als »spezifisch männlich«.
- Das herkömmliche Rollenbild vom Mann als alleinigem Beschützer, Ernährer und Gebieter der Familie ist längst passé.
- Die Zahl »männlicher Domänen« – sei es in der Arbeitswelt, im öffentlichen Leben und der Politik oder auch im Sport – schrumpft ständig.

Das führt bei den Betroffenen zu wachsender Verunsicherung. Ein Indiz für die veränderte Situation ist die

Zahl populärwissenschaftlicher Bücher und Aufsätze zur »Männerfrage«. Dabei überwiegen die Autorinnen; ihre Kollegen beteiligen sich bisher nur zurückhaltend an diesem Diskurs. Im Ergebnis könnte das dazu führen, daß Frauen ausgerechnet bei der Bestimmung des »neuen Männerbildes« dominieren. Das wäre paradox genug; die Folgen hätten aber Männer zu verantworten, die ihr Recht zur »Selbstbestimmung« nicht nutzen.

So vertreten die Sozialwissenschaftlerinnen CHERYL BENARD und EDIT SCHLAFFER in ihrem 1992 zu diesem Themenkomplex erschienenen Buch zunächst die provokante These: »Was Frauen für Männer bedeuten? Die Zivilisation. Was Männer ohne Frauen sind? Wilde.« Zur gegenwärtigen Situation der Männer fügen sie hinzu: »Und jenseits der Körperlichkeit gibt es überhaupt keinen Trost mehr für Männlichkeitsnostalgiker, findet sich keine einzige Eigenschaft mehr, die Männer mit Überzeugung nur für sich verbuchen könnten. Mutig. Abenteuerlustig. Stark. Das sind Frauen auch. Zärtlich. Fürsorglich. Kinderlieb. Das können auch Männer sein. Die starke Trennung in Mann und Frau ist in den letzten 100 Jahren aufgehoben worden ...«

Für Männer bedeutet diese Entwicklung, zukünftig auf Privilegien verzichten zu müssen. Das jedenfalls ist die durchgängige Meinung der Feministinnen sowie in der einschlägigen Literatur.

Einen diametral entgegengesetzten Standpunkt, mit dem jeder Mann sich umgehend als »unverbesserlicher Chauvi« zu erkennen gäbe, vertritt die bekannte, auf Geschlechterfragen spezialisierte Publizistin ESTHER VILAR. Nach ihrer Meinung genießen Männer überhaupt keine Privilegien; im Gegenteil! Sie sind von der Arbeitswelt und den Frauen (!) »versklavte« Wesen. Bezogen auf die Arbeitswelt, in der Fremdbestimmung und Konkurrenzdruck ständig wachsen, betont sie: »Es ist ganz gleichgültig, wie ein bestimmter Mann seinen Tag verbringt, eines hat er mit allen anderen gemeinsam: Er verbringt ihn auf eine demütigende Weise ... Was immer der Mann tut, wenn er arbeitet, ... in jedem

Augenblick ist er Teil eines gigantischen, unbarmherzigen Systems, das einzig und allein auf seine maximale Ausbeutung angelegt ist, und er bleibt diesem System bis an sein Lebensende ausgeliefert.«

Und warum lassen Männer sich darauf ein? Aus der Sicht der streitbaren Publizistin auf jeden Fall nicht für sich selbst – »dafür würde eine viel kleinere Anstrengung genügen« – sondern für andere, nämlich für Frau und Kinder, getrieben von der *»Lust an der Unfreiheit«*: »Der Mann sucht immer jemand oder etwas, dem er sich versklaven kann; denn nur als Sklave fühlt er sich geborgen – und seine Wahl fällt dabei meist auf die Frau. Wer oder was aber ist die Frau, daß er sich ausgerechnet ihr, der er dieses entwürdigende Leben verdankt und von der er darin nach allen Regeln der Kunst ausgebeutet wird, versklavt und daß er sich *ausgerechnet bei ihr* geborgen fühlt?«

Aus der Sicht Esther Vilars verfügt der Mann über alle geistigen und körperlichen Voraussetzungen und »wunderbaren Fähigkeiten« für ein »freies, menschenwürdiges Leben«. Aber er nutzt diese Möglichkeiten nicht, sondern begibt sich in den Dienst der Frauen, die vergleichbare positive Eigenschaften nicht nachweisen können, dafür aber von »abstoßend primitiven Bedürfnissen« bestimmt sind.

Esthar Vilar hegt offensichtlich weder für Männer noch für Frauen besondere Sympathien. Ihre Positionen sind so extrem formuliert, daß sie sich relativ leicht mißdeuten, ablehnen oder ignorieren lassen.

Das ist viel schwieriger, wenn im Kerngehalt durchaus vergleichbare Einschätzungen zur heutigen problematischen Männerrolle von einer Seite kommen, die allgemein als etabliert und seriös gilt, bei der jedenfalls der Vorwurf »Extremismus« nicht erhoben werden kann. So berichtete die konservative *»Rheinische Post«* am 24. Oktober 1997 über ein Seminar zu diesem Themenkomplex, das unter der Verantwortung des Katholischen Männerwerks im Erzbistum Köln stattfand. Zu besagtem Zeitungsbericht erklärte Markus

ROENTGEN, zuständiger Referent für Männerseelsorge, bei dieser Gelegenheit: »Viele Männer sind heute doppelt heimatlos – im Beruf und in der Familie, und sie sind nicht in der Lage, eigene Bedürftigkeiten zu erspüren. Sie wissen sehr wohl, daß sie sich ihren Kindern zu wenig widmen, daß sie ihnen zu wenig Zeit schenken, aber die Strukturen der Berufswelt lassen ihnen keine Chance, diesen Zustand zu ändern. So geht die Heimat in der Familie verloren, zugleich ist die Berufswelt so kalt geworden, daß auch sie keine (Ersatz-)Heimat sein kann ... Leider ist vielen Vätern das Umfeld ihrer Familie mehr oder weniger unbekannt. Sie kennen nicht den Freundeskreis ihrer Kinder, nicht den Bekanntenkreis ihrer Frau, nicht die Nachbarschaft. Also sind diese Felder zwangsläufig frauendominiert ... Es ist ja nicht einfach, tagsüber hochkomplizierte Arbeit zu leisten und abends auf Gefühle und Anteilnahme umzuschalten.«

Sind Männer also doch eher Opfer als Täter? Wie so oft, liegt die Wahrheit auch hier in der Mitte. Außerdem läßt sich diese Frage nicht pauschal, sondern nur individuell beantworten. Und selbst für Männer »entlastende« Einschätzungen ändern an den wesentlichen Fakten und Notwendigkeiten nichts: Das Patriarchat ist eine aussterbende Ideologie und Realität; Überreste und Aufbegehren können seinen Tod zwar verzögern, aber nicht verhindern. Adams alte Rolle ist ausgespielt. Die »*Herr*lichkeit« ist endgültig dahin. Ob sie wollen oder nicht: Männer müssen grundsätzlich umdenken, weil Frauen sich in den letzten Jahrzehnten enorm verändert haben, und weil eine Gesellschaft im Umbruch sowie der Wertewandel viele neue Anforderungen stellen.

Dabei geht es nicht darum, daß aus Männern quasi Frauen werden. Der »Softie« ist keine Alternative, sondern eine von beiden Geschlechtern abgelehnte, lächerliche Figur, die der »*Spiegel*«-Redakteur RAINER TRAUB im Juli 1997 so beschrieb: »Der Softie ist zerknirscht über die Zugehörigkeit zu einem Geschlecht, dem er die Kollektivschuld an der Unterdrückung der

Frau, an Umweltzerstörung, Krieg und allen anderen Übeln der Geschichte anlastet. Er will, in einem hilflosen Defensivreflex, nur noch sanft, empfindsam und friedliebend sein – und leidet womöglich an dem Gefühl, daß viele Frauen ihn insgeheim eher als Memme verachten.«

Und das könnten selbst »Softies« nicht ertragen; von der übrigen Männerwelt ganz abgesehen. Das Wunschbild, das deutsche Männer von sich selber haben, ist nach wie vor eindeutig: Sie möchten lieber Macho als Memme sein. Das ergab noch 1997 eine Emnid-Umfrage im Auftrag des »*Spiegel-special*«. Unter denjenigen, die eine Antwort gaben (82 Prozent), schätzten sich 44 Prozent als »harte Männer« ein. Den höchsten Identifikationsgrad erreichte Götz George, wobei sich diese Zustimmung eindeutig auf dessen erfolgreiche Filmrolle als Kommissar Schimanski bezog, bekanntlich ein ausgesprochener Draufgänger und Chauvi.

Das Ergebnis dieser Umfrage kann man nur mit gemischten Gefühlen aufnehmen, weil es signalisiert: Die Männer liegen hinsichtlich der Notwendigkeit, das überholte traditionelle Männerbild abzulösen, noch weit zurück. Und die einzige Alternative, die zwischen »Macho oder Memme« aufzuzeigen ist, zeugt von Hilflosigkeit und ist eher ein Armutszeugnis. Ziel muß vielmehr ein neues, realistisches Selbstverständnis sein, das tragfähig für die Männer selbst, aber auch für deren Partnerinnen und das gesellschaftliche Umfeld ist. Die Weichen sollten endlich auf »Zukunft« gestellt werden.

Eine Vision: Individuen mit gemeinsamer Menschlichkeit

Die vorgeschlagene Weichenstellung erfordert, daß im »Kampf der Geschlechter« zumindest eine Phase des Waffenstillstandes eintritt. Dafür ist der Zeitpunkt relativ günstig. Im Vergleich zur Situation noch vor zehn Jahren haben sich die Diskussionen versachlicht: Männer mußten einsehen, daß die Emanzipation der Frauen eine unumkehrbare Realität ist und daß sie mit frauenfeindlichen Sprüchen und Verhaltensweisen nur die eigene Glaubwürdigkeit riskieren.

Unter den Feministinnen haben die radikalen Vertreterinnen, deren Programm durch maßlose Diskriminierung der Männer und unkritische Überhöhung des weiblichen Geschlechts gekennzeichnet ist, zunehmend an Einfluß verloren, auch im eigenen Lager. Dagegen wächst die Erkenntnis: »Es ist ja keineswegs so, daß die Frauen die besseren Menschen sind; sie hatten bisher nur nicht so viel Gelegenheit, sich die Hände schmutzig zu machen.« Diese Aussage kann man auch als Mann ungestraft zitieren; sie stammt von Alice Schwarzer.

Nicht zuletzt durch den Emanzipationsprozeß der Frauen ist in diesem Jahrhundert die starke Trennung nach Geschlechtern mit spezifischen Aufgaben und Zuständigkeiten Schritt für Schritt aufgehoben worden. Zu Recht fragen Cheryl Benard und Edit Schlaffer: »Ist das so schrecklich? Ist das so schwer, damit zurechtzukommen? Gerechterweise müssen wir sagen, daß es auch sehr vielen Frauen – vielleicht der Mehrzahl – schwerfällt, die Demontage des Eisernen Vorhangs zwischen den Geschlechtern zu akzeptieren. War es nicht schöner, als die Ehe noch eine Versorgungsinstanz war und man im Mann den Ernährer und Beschützer sah? Können die Veränderungen nicht auch angst machen und die neuen Anforderungen nicht auch verunsichern?

Wie Ossis und Wessis stehen sich Frauen und Männer heute gegenüber; beide ahnen oder wissen, daß es keine Alternative zu ihrer menschlichen Wiedervereinigung gibt, und trotzdem sind beide voll der gegenseitigen Vorwürfe, Eifersüchteleien und Ressentiments. Jede Seite fühlt sich übervorteilt, und jede fragt sich manchmal, ob es ihr nicht vorher viel besser ging.«

Nach Meinung der beiden Sozialwissenschaftlerinnen hat die Annäherung der Geschlechter dagegen zu etwas geführt, das für die Menschheit schon immer bekömmlicher gewesen wäre: »Zu einer Vielfalt von Persönlichkeiten mit individuellen Unterschieden und einer gemeinsamen Menschlichkeit«.

Auch Bertha von Suttner hatte bereits vor über hundert Jahren diese Vision. Von der angestrebten Befreiung der Frauen würden nicht zuletzt die Männer profitieren. In ihrem Buch »Das Maschinenzeitalter« warnte sie vor überflüssigen Ängsten und malte »eine bessere Zukunft« für *beide Seiten* aus: »So geschah es, daß durch die fallenden Fesseln, welche das eine Geschlecht so lange getragen hatte, nicht nur dieses, sondern auch das andere zu höherer Menschenwürde emporstieg. Ganz das Gegenteil von den Befürchtungen der Emanzipationsbekämpfer trat ein: Nicht rohe, männliche Fehler nahm das Weib an, nicht in weichliche Weibischkeit versank der Mann, sondern beide vereint – unter ihnen die besten, stärksten, talent- und verstandesreichsten – bildeten sich zu Mustern einer höheren Gattung heran.« Die Botschaft lautete: »Frauen werden die vernünftige Hälfte eines vernünftigen Menschengeschlechts werden.« In diesem Sinne verdoppele Emanzipation die Menschheit – quantitativ *und* qualitativ.

Letztlich ist eine Annäherung zwischen den Geschlechtern nicht identisch mit totaler Angleichung. Bestimmte Unterschiede sind natürlich – und reizvoll. In diesem Sinne kommen in dem Buchkapitel »*Wechselbilder*« 22 Stimmen zu Wort; paritätisch elf Frauen und elf Männer. Das Ergebnis ist ein differenzierter Dialog über (angebliche) geschlechtsspezifische bzw. typische Eigenschaften, Stärken und Schwächen von Frauen und

Männern. Bei Verzicht auf Beschimpfungen und Platitüden ersparen sich beide Seiten nichts. Erwartungsgemäß spiegeln sich auch in diesem Fall vorrangig traditionelle Geschlechterrollen wider, aber eben nicht nur. Hinzu kommen neue, interessante Nuancierungen; Lob und Tadel halten sich die Waage. Ergebnis und Nachhall dieses Dialogs lassen hoffen.

Zwei Seiten einer Medaille: Zerrbilder und Haß

Die Geschichte des »Kampfes der Geschlechter« enthält ein besonders düsteres Kapitel, das nicht ausgespart werden darf. Es geht um die *»Zerrbilder«*, die Männer von Frauen gezeichnet haben, beginnend vor unserer Zeitrechnung und bis in die jüngste Gegenwart. Die Fülle der Zitate ist riesengroß. In der vorliegenden Anthologie wird nur eine kleine Auswahl präsentiert, wobei auf die allerdümmsten und geschmacklosesten Aussagen verzichtet wurde. Das Ergebnis ist trotzdem schockierend. Schock löst auch aus, daß (ansonsten) große Geister mit Rang und Namen aus allen gesellschaftlichen Bereichen und geschichtlichen Epochen vertreten sind.

Für die Zitate sind – in einer unerquicklichen und beschämenden Mischung – folgende Elemente typisch:

- Es handelt sich nicht nur um Vorurteile und Klischees, die man unter Umständen noch nachvollziehen kann. Diese Grenze wird eindeutig und bei weitem überschritten.
- In allen Fällen wird von einer »natürlichen« bzw. »gottgewollten« Überlegenheit des Mannes ausgegangen.
- Frauen besitzen keine Autonomie und keinen Selbstwert. Vom Mann abgeleitet, handelt es sich nicht um vollwertige Menschen.
- Frauen werden von Gefühlen beherrscht, haben keinen Geist und Verstand. Sie können nicht denken; tun sie es trotzdem, so ist das von Übel.

- Frauen haben untergeordnete und dienende Funktionen wahrzunehmen. Sie sind auf die Rolle als Gattin und Mutter reduziert, aus der sie ihren einzigen Wert ableiten.

Aufschlußreich ist, daß weitere Zitate die Ahnung und Angst der jeweiligen Autoren offenbaren, von derartigen Zerrbildern und Fesseln befreite Frauen könnten den Männern bald *überlegen* sein.

Wie sind Frauen mit diesen demütigenden Vorurteilen umgegangen? In ihrer großen Mehrzahl begaben sie sich zu keinem Zeitpunkt auf das von Männern vorgegebene niedrige Niveau. Einzelne »adäquate« – d. h. nicht weniger dumme und geschmacklose – Antworten erfolgten etwa seit der letzten Jahrhundertwende. So veröffentlichte Helene von Druskowitz eine Publikation mit dem bezeichnenden Titel »Der Mann als logische und sittliche Unmöglichkeit und als Fluch der Welt«. Darin heißt es unter anderem: »Seiner Beschaffenheit zufolge ist der Mann seiner Gefährtin unwürdig, ein Ehehindernis und nicht ein Bindeglied. Er paßt überhaupt nicht in den Rahmen der vernunftbegabten Welt. Denn er ist zu roh und lügnerisch, sein Denken zu lückenhaft und weitschweifig, seine äußere Häßlichkeit zu eklatant, als daß er das Leben taktvoll zu beherrschen vermöchte ... Der Mann ist ein Zwischenglied zwischen Mensch und Tier; denn er ist eine Spottgeburt und als solche derart zynisch und lächerlich ausgestattet, so daß er weder das eine noch das andere in voller Wirklichkeit sein kann ... Nur scheinbar ist der Mann ein lustiges Abenteuer der Natur; in Wirklichkeit ist er das giftigste und gefährlichste Experiment im gesamten Weltreich.«

Der Mann bilde »eine sehr tiefe Stufe im Reiche der Lebewesen«; gleichzeitig gelte: »Frauen sind die wahre Menschheit.« Arthur Schopenhauer läßt grüßen, wenn auch mit umgekehrtem Vorzeichen.

Als weiteres Beispiel aus jüngerer Zeit läßt sich die amerikanische Feministin Valerie Solanas anführen, die in einem ihrer Aufsätze folgende »Zukunftsvision«

offeriert: »Da das Leben in dieser Gesellschaft bestenfalls langweilig ist und nichts in ihr für Frauen auch nur die geringste Relevanz besitzt, bleibt vernünftigen, verantwortungsbewußten, abenteuerlustigen Frauen nichts anderes übrig, als die Regierung zu stürzen, die Geldwirtschaft abzuschaffen, die vollkommene Automatisierung einzuführen und das männliche Geschlecht auszurotten.«

Trotz mehrfacher Recherchen konnte über die beiden zitierten Autorinnen nur wenig Verläßliches in Erfahrung gebracht werden. Helene von Druskowitz verstarb 1918 in der Psychiatrie; Valerie Solanas erregte Aufsehen durch ein (gescheitertes) Attentat auf WOODY ALLEN. Sie soll sich das Leben genommen haben, was aber nur durch eine Quelle bestätigt wird.

Durch die unverantwortliche Polemik beider Autorinnen fühlten sich auch Feministinnen herausgefordert. Sie erkannten, daß so viel notorischer Männerhaß nicht zuletzt die eigenen Positionen beschädigt. In diesem Sinne kritisierte – bezogen auf Valerie Solanas und ihre Anhängerinnen – DAPHNE PATAI (im *»Kursbuch Männer«*, das keine Angaben zu der Autorin enthält): »Es ist doch erstaunlich, daß Jahrzehnte des Fortschritts für Frauen, Jahrzehnte des Kampfes gegen frauenfeindliche Ideologien uns an den Punkt gebracht haben sollen, wo eine bloße Umkehrung der Situation – von der Frauenfeindlichkeit zur Männerfeindlichkeit – als ernsthaftes feministisches Gedankengut verkauft und im Namen des Feminismus propagiert und gelehrt werden soll.
Auf diese Weise wird der Antagonismus der Geschlechter fortgeführt, ohne Hoffnung darauf, daß sich die Situation in absehbarer Zeit ändert. Ironischerweise beweisen die Feministinnen, indem sie diesen Antagonismus schüren, daß sie keinen Deut besser sind als ihre männlichen Gegenspieler.«
Dem ist wenig hinzuzufügen. Zerrbilder und Haß – egal von welcher Seite sie kommen – führen immer nur in Sackgassen, sie sind destruktiv und gehören in die

»Rumpelkammer« der Geschichte. Das entsprechende »Gruselkabinett« sollte für alle Zeiten fest verschlossen werden.

»Leben ist das, was wir daraus machen«

Während in den ersten vier Kapiteln der Anthologie, denen rund ein Drittel der Aphorismen und Zitate zugeordnet ist, ein Rückblick auf historische Prozesse und deren Ergebnisse stattfindet, steht die Zukunft im Mittelpunkt der weiteren Buchabschnitte. Es ist gut und hilfreich, wenn Frauen und Männer mehr voneinander wissen. Noch wichtiger ist, was sie mit den neuen Erkenntnissen im Alltag ihrer Beziehungen anfangen.

Was erwarten in dieser Realität beide Seiten voneinander? Gestern wie heute geht es um Glück und Liebe, Freundschaft und Partnerschaft, Erotik und Sexualität. Aber auch diese zeitlos gültigen Ziele sind laufenden Veränderungen ausgesetzt; sie unterliegen insbesondere dem Wertewandel. Das bestätigen die im Kapitel »*Wunschbilder*« zusammengefaßten Kurztexte. Sie zeichnen keine »heile Welt«.

So gilt – trotz allem – die Ehe immer noch als das Standardmodell des Zusammenlebens. Aber dieses Modell ist schon lange kein unumstrittenes Lebensziel mehr; Für und Wider halten sich die Waage. Einerseits bestätigen Meinungsumfragen, daß in Deutschland selbst 85 Prozent der Jugendlichen – mit oder ohne Trauschein – künftig in einer »Ehe« leben wollen; andererseits landet jede dritte Ehe vor dem Scheidungsrichter. Vielfach treten an die Stelle (lebenslang verbundener) Eheleute »Lebensabschnittspartner«.

Die Liebe mag zwar eine vielbesungene »Himmelsmacht« sein, aber sie kann auf Erden nur blühen, wenn bestimmte Voraussetzungen gegeben sind. Dazu schrieb der Psychoanalytiker Erich Fromm in seinem Bestseller »Die Kunst des Liebens«: »Nur in einer Gesellschaft, in der, wie Marx gesagt hat, die volle menschliche

Entfaltung des einzelnen die Bedingung der vollen Entfaltung aller ist, kann auch die Liebe zu einer gesellschaftlich relevanten Haltung werden. Wenn es – wie ich aufzuzeigen versuche – wahr ist, daß die Liebe die einzig befriedigende Antwort auf das Problem der menschlichen Existenz ist, dann muß jede Gesellschaft, die die Entwicklung der Liebe ausschließt, letzten Endes an ihrem Widerspruch zu den grundlegenden Notwendigkeiten der menschlichen Natur zugrunde gehen.«

Um ein letztes Beispiel zu nennen: Erotik und Sexualität sind heute mit deutlich weniger Tabus belegt als früher. Das ist natürlich begrüßenswert, garantiert aber nicht unbedingt mehr Zufriedenheit und Glück, schon gar nicht automatisch. So ist die Gefahr nicht von der Hand zu weisen, daß Prinzipien unserer Leistungsgesellschaft immer stärker in diesen intimen Bereich menschlichen Lebens eindringen, was bedeuten kann, daß gerade gewonnene Freiheiten in neue Zwänge münden. Trotz aller einschränkenden Anmerkungen muß niemand von seinen »*Wunschbildern*« ablassen. Es empfiehlt sich aber, dabei nicht ganz auf Realitätssinn und Nüchternheit zu verzichten – gerade auch sich selbst gegenüber.

Enttäuschungen vermeidet auch, wer sich Klarheit darüber verschafft, was in Beziehungen stört bzw. was nützlich und hilfreich ist. »*Untiefen*« kann überwinden, wer bereit ist, »*Brücken*« zu betreten. In zwei Kompendien mit diesen Titeln wurden negative und positive Erfahrungswerte zusammengetragen, wobei die jeweiligen Stichworte zu den Kurztexten (wie in den anderen Buchkapiteln) vom Herausgeber stammen.

Wer besser leben will, tut gut daran, sich eine Lebensphilosophie anzueignen. Das ist ohne Zweifel ein höchst individueller Prozeß. Deshalb versteht sich das kurzgefaßte Kapitel zur »*Lebenskunst*« auch nur als Anstoß für entsprechende persönliche Bemühungen. Doch sei auf zwei Orientierungspunkte hingewiesen: Positives Denken ist unverzichtbar; und nicht weniger wichtig sind bestimmte Eigenleistungen, wenn man künftig zur Minderheit der Lebenskünstler gehören will. »Leben ist das, was wir daraus machen«, so der amerikanische Schriftsteller HENRY MILLER.

Im Gegensatz zur in höheren Sphären angesiedelten Lebensphilosophie steht im Mittelpunkt des letzten Kapitels der Anthologie etwas ganz Handfestes: Streit, der mehr oder weniger zum Alltag jeder menschlichen Beziehung gehört. Streit gilt auch als »garstiger Gesell«, mit dem der Umgang möglichst zu vermeiden ist. Dabei hat er durchaus auch seine guten Seiten: Streit kann die Atmosphäre bereinigen, oder er dient den Menschen dazu, etwas Neues voneinander zu erfahren. Wer anstelle unkontrollierter Beschimpfungen, die zu nichts führen, »besser streiten« möchte, sollte die immer wiederkehrenden Streitursachen kennen und sich schrittweise jene Verhaltensweisen aneignen, welche die Wogen glätten; summa summarum also »Streitkultur« praktizieren. Sicher ist: Das Verhältnis zwischen den Geschlechtern bleibt auch künftig »spannend«.
Das gilt in mehrfacher Hinsicht.

FRIEDRICH VON SCHILLER betonte einst: »Der ganze Unterschied ist in den Röcken.« Ein schöner Satz, der nicht zufällig zum Titel der vorliegenden Publikation gewählt wurde. Heute wissen wir allerdings, daß diese Aussage ergänzungsbedürftig ist, weil die Beziehungen zwischen Mann und Frau wohl doch ein wenig komplizierter sind. Deshalb sei der Meinung Schillers eine Einschätzung von HALLDÓR LAXNESS hinzugefügt. Der isländische Schriftsteller und Nobelpreisträger für Literatur verstarb im Alter von 96 Jahren, verfügte also über eine lange Lebenserfahrung. Seine vorsichtig formulierte Aussage kommt der Wahrheit näher und enthält die hoffnungsvolle Botschaft: »Was die Menschen trennt, ist gering, gemessen an dem, was sie einen könnte.«

In diesem Sinne mögen sich die Leserinnen und Leser auf eine Erkenntnisreise zu sich selbst und ihren persönlichen Erfahrungen aus Liebe und Partnerschaft begeben.

Frauenbilder

Typisch Frau ...

Ein Weib zu sein, ist etwas so Seltsames, so Gemischtes, so Zusammengesetztes, daß kein Prädikat es ausdrückt, und die vielen Prädikate, wenn man sie brauchte, einander so widersprechen, daß nur ein Weib es aushalten könnte.

Sören Kierkegaard

Eine Frau ist ein Wesen, das sich selbst gefunden hat.

Jean Giraudoux

Eine Frau ist wie ein gutes Buch: unterhaltsam, anregend, belehrend. Ich wollte, ich könnte mir eine ganze Bibliothek leisten.

Honoré de Balzac

Frauen sind ein faszinierend eigenwilliges Geschlecht. Jede Frau ist eine Rebellin und gewöhnlich in wildem Aufruhr gegen sich selbst.

Oscar Wilde

Wenn ihre Funktion als »Weibchen« nicht genügt, um die Frau zu definieren, und wenn wir es gleichfalls ablehnen, sie durch das »Ewigweibliche« zu erklären, aber doch andererseits zugestehen, daß es – vorläufig wenigstens – Frauen auf Erden gibt, so müssen wir uns doch wohl die Frage stellen: Was ist eine Frau?

Simone de Beauvoir

Es bleibt die große Frage, die nie beantwortet worden ist und die ich trotz dreißig Jahre langen Forschens in der weiblichen Seele nicht habe beantworten können: Was will das Weib?

Sigmund Freud

Die Frau ist kein Beweis für die Angeborenheit des Charakters; hingegen sind die bisherigen Auffassungen über die Frau ein sicherer Beweis dafür, zu welchem Aberglauben, zu welch verderblichen Irrtümern die Theorie von der Angeborenheit des Charakters verführen kann, wenn die gesellschaftliche Ordnung es verlangt und fördert.

Manès Sperber

Die Männer beherrschen unsere Welt nicht,
sie verwalten sie nur. Beherrscht wird sie von den Frauen.

Esther Vilar

Es ist ja keineswegs so, daß die Frauen die besseren Menschen sind; sie hatten nur bisher nicht so viel Gelegenheit, sich die Hände schmutzig zu machen.

Alice Schwarzer

Eine Frau kann mit 19 entzückend sein, mit 29 hinreißend. Aber erst mit 39 ist sie absolut unwiderstehlich. Und älter als 39 wird keine Frau, die einmal unwiderstehlich war.

Coco Chanel

Deutsche und französische Frauen: Die deutschen Öfen wärmen besser als die französischen Kamine, aber daß man hier das Feuer lodern sieht, ist angenehmer. Freudiger Anblick, aber Frost im Rücken – Deutsche Öfin, wie wärmst du treu und scheinlos!

Heinrich Heine

Wer behauptet, die Frauen zu kennen, ist kein Gentleman.

George Bernard Shaw

Man wird erst wissen, was die Frauen sind, wenn ihnen nicht mehr vorgeschrieben wird, was sie sein sollen.

Rosa Mayreder

Kritik, Vorurteile und Klischees

Männer behaupten ...

Das Weib vermag allein nicht viel.

Johann Wolfgang von Goethe

Bei Weibern ist alles Herz, sogar der Kopf.

Jean Paul

Die Natur hat die Frauenzimmer so geschaffen, daß sie nicht nach Prinzipien, sondern nach Empfindungen handeln sollen.

Georg Christoph Lichtenberg

Das wackere Weib spinnt, schließt sich in seinen Haushalt ein, schweigt, glaubt und gehorcht; es disputiert nicht gegen die Kirche.

Fénelon

Als Gattin und als Mutter nur erreicht ein Weib das ihr gesteckte Ziel, und wertlos, wie eine taube Frucht vom Baum fällt, stirbt eine Frau, die beides nie gewesen.

Ernst Raupach

Häuslichkeit ist des Weibes Weltgeschichte.

Ludwig Börne

Kochtopf und Pfanne sind für die Frau wichtiger als die Werke Shakespeares und Goethes zusammen.

Paul Heyse

Es ist kein Rock noch Kleid, das einer Frau oder Jungfrau übler ansteht, als wenn sie klug sein will.

Martin Luther

Geist macht Frauen alt.

Friedrich Nietzsche

Weiber können bedeutendes Talent, aber kein Genie haben: denn sie bleiben stets subjektiv.

Arthur Schopenhauer

Die Frau denkt stets an ihre körperliche Erscheinung, an Männer und Liebe.

Gerhart Hauptmann

Frauen behaupten ...

Weil sie nichts sind, beschränken eine Menge Frauen ihr Interesse leidenschaftlich auf ihr Ich allein, das sie derart aufblähen, daß sie es mit dem All verwechseln.

Simone de Beauvoir

Weil die Frauen keine Gedankentiefe und keine Logik besitzen, können sie nicht zu Großem bestimmt sein.

George Sand

Frauen haben keine Ehre, und sie vermissen sie auch nicht.

Esther Vilar

Kein Mann würde sich jemals so verblöden lassen, wie die Frau es als Mannequin tut.

Alice Schwarzer

Die pseudomoderne Frau mit ihrer quälenden Tüchtigkeit und Energie ist für mich immer höchst seltsam und unverständlich gewesen.

Ingeborg Bachmann

Wenn ich ein Mann wäre, und ich wäre gern einer, würde ich die heutigen Frauen verachten. Dieser unweibliche Ehrgeiz, diese ekelhafte Geschäftstüchtigkeit.

Coco Chanel

Spott und Ketzereien

Männer behaupten ...

Frauen sind das Salz der Erde, aber die Suppe ist versalzen.

Erich Kästner

Eine anständige Frau ist eine, die nicht (oder nicht mehr) imstande ist, mehr als nur einen Mann unglücklich zu machen.

Henry de Montherlant

Selbst die sanftesten, bescheidensten und besten Mädchen sind immer sanfter, bescheidener und besser, wenn sie sich vor dem Spiegel schöner gefunden haben.

Georg Christoph Lichtenberg

Kosmetik ist die Lehre vom Kosmos der Weiber.

Karl Kraus

Unter Konversation versteht die Frau die Kunst, andere nicht zu Wort kommen zu lassen.

Alfred Polgar

Die Logik der Frauen beruht auf der Überzeugung, daß nichts unmöglich ist.

Maurice Chevalier

Nichts reizt die Frauen so sehr wie kein Widerspruch.

Jean Paul Belmondo

Die Frauen sind so unberechenbar, daß man sich nicht einmal auf das Gegenteil dessen verlassen kann, was sie sagen.

Peter Ustinov

Man sollte nie einer Frau trauen, die einem ihr wirkliches Alter verrät. Eine Frau, die einem das erzählt, würde einem auch alles andere erzählen.

Oscar Wilde

Oft bilden Frauen sich ein, Initiative ergriffen zu haben, wenn sie das Gegenteil von dem tun, was der Mann von ihnen verlangt.

Jean Gabin

Sie verwechseln ihren Hintern mit ihrem Herzen und glauben, der Mond sei dafür geschaffen, ihren Lokus zu beleuchten.

Gustave Flaubert

Wenn Männer alles wüßten, was Frauen denken, wären sie tausendmal kühner.

Pablo Picasso

Frauen behaupten ...

Wer eine Frau beim Wort nimmt, ist ein Sadist.

Jeanne Moreau

Keine Frau trägt gerne ein Kleid, das eine andere abgelegt hat. Mit Männern ist sie nicht so wählerisch.

Françoise Sagan

Die meisten Frauen wählen ihr Nachthemd mit mehr Verstand als ihren Mann.

Coco Chanel

Der Widerstand einer Frau ist nicht immer ein Beweis ihrer Tugend. Oft ist er ein Beweis ihrer Erfahrung.

Ninon de Lenclos

Bedauernswert die Frau, die nichts zu bereuen hat.

Jeanne Moreau

Frauenlob

Ich glaube wirklich, daß Frauen stärker sind als Männer. Vielleicht ist der liebe Gott sogar eine Frau.

Orson Welles

Die Frauen sind unserer Kindheit Stütze,
unserer Jugend Freude, unseres Alters Trost.

Pietro Aretino

Ohne die Frauen würde der Mensch roh, grob, einsam sein und die Anmut nicht kennen.

François René Vicomte de Chateaubriand

Wohlan, wenn man dies Geschlecht, das Weibervolk, nicht hätte, so fiele die Haushaltung, und alles, was dazu gehöret, läge gar darnieder; danach das weltliche Regiment, Städte und die Polizei. Summa: die Welt kann des Weibervolks nicht entbehren, da gleich die Männer selbst könnten Kinder tragen.

Martin Luther

Männer brauchen Frauen um sich, sonst verfallen sie unaufhaltsam der Barbarei.

Orson Welles

Ob die Weiber soviel Vernunft haben wie Männer, mag ich nicht entscheiden, aber sie haben ganz gewiß nicht soviel Unvernunft.

Johann Gottfried Seume

Hinter jedem großen Mann stand immer eine liebende Frau, und es ist viel Wahrheit in dem Ausspruch, daß ein Mann nicht größer sein kann, als die Frau, die er liebt, ihn sein läßt.

Pablo Picasso

Kein Wissenschaftler, kein Künstler kann seinen Auftrag erfüllen, wenn nicht selbstlose Frauenhände seinen Alltag behüten; kein noch so genialer Arzt seine Patienten heilen, wenn die treue Pflegerin fehlt – auch keine Geselligkeit kann blühen, kein Heim eine Stätte der Geborgenheit darstellen, wenn die stille Betreuung dienender Frauenhände fehlt.

Gertrud von Le Fort

Die Frau ist das Köstlichste, was es auf der Welt gibt. Als Gefährtin der Freude, der Lust, des Gefühls, der Ideen ... hat die Frau im innersten Herzen des Mannes das Recht zu einer unangreifbaren und heiligen Verehrung.

Fidel Castro

Es wäre eine Lüge, wollte ich nicht gestehen, daß mein Denken zum großen Teil beherrscht wird von Erinnerungen an meine Frau, diesen Teil der besten Jahre meines Lebens.

Karl Marx

Man tut das meiste im Leben, auch wenn man andere Gründe vorschützt, der Frauen wegen.

Hermann Hesse

Es ist nicht wahr, daß man ohne eine Frau nicht leben kann. Man kann bloß ohne eine Frau nicht gelebt haben.

Klaus Kraus

Ich mag nicht in den Himmel, wenn es dort keine Frauen gibt.

Albrecht Dürer

Männerbilder

Typisch Mann ...

Ein Mann mit großen Ideen ist ein unbequemer Nachbar.

Marie von Ebner-Eschenbach

Ein kluger Mann wird sich mehr Gelegenheiten schaffen, als sich ihm bieten.

Francis Bacon

Kein Mann ist so groß als sein Name, weder im Guten noch im Schlimmen.

Johann Gottfried Seume

Aber im Manne ist mehr Kind als im Jünglinge, und weniger Schwermut: besser versteht er sich auf Tod und Leben.

Friedrich Nietzsche

Der Mann weicht dem Stein, der ihn zu zerschmettern droht, aus und vermauert ihn in sein Gebäude.

Friedrich Hebbel

Eine Uniform tragen, die die Blicke auf sich lenkt, Meldungen entgegennehmen, sich über Karten beugen, mit Gefolge durch Mannschaftsstuben und über weite Plätze traben – verfügen, besichtigen, bombastisch reden, das schafft die Vorstellung von Raumausfüllung, individueller Expansion, überpersönlicher Auswirkung, kurz jenen Komplex, dessen der durchschnittliche Mann bedarf.

Gottfried Benn

Der stärkste Mann der Welt ist derjenige, der allein steht.

Henrik Ibsen

Der Mann steht im Mittelpunkt – und somit allen im Wege.

Pablo Neruda

Ich glaube nicht, daß Männer von Natur aus aggressiver sind. Was sie aggressiv werden läßt, ist Macht, zuviel Macht. Diese Macht korrumpiert, nicht das Geschlecht.

Alice Schwarzer

Kritik, Vorurteile und Klischees

Frauen behaupten ...

Adam war nichts als ein roher Entwurf, und die Schöpfung des Menschen ist Gott erst völlig gelungen, als er Eva erschaffen hat.

Simone de Beauvoir

Alle Männer sind ichbezogene Kinder.

Christa Wolf

Ein Mann? Das ist doch nur ein paar Zentimeter Fleisch mehr.

Kate Millet

Der Mann ist ein scheintoter Klotz, der Freude und Glück weder geben noch empfangen kann; er befindet sich erst auf dem halben Weg zum Menschen.

Valerie Solanas

Der Mann ändert eher das Antlitz der Erde als seine Gewohnheiten.

Eleonora Duse

Männer haben drei Bedürfnisse: Vögeln, Töten und Geld machen. Ich habe jedoch fast nur Männer kennengelernt, die dem Töten wenig frönen konnten, beim Vögeln nichts Besonderes leisteten und Geld nur in bescheidenen Beträgen verdienten.

Marilyn French

Männer sind zu allem fähig, aber zu nichts zu gebrauchen.

Irmgard Keun

Vielleicht tut man den Männern einen Gefallen, wenn man sie zur Arbeit abrichtet, weil sie für alles andere sowieso nicht zu gebrauchen sind.

Esther Vilar

Viele erfolgreiche Männer haben keinerlei sichtbare Qualifikation außer der, keine Frau zu sein.

Virginia Woolf

Ein Mann hat kein Vertrauen zu einer Frau, die intelligenter ist als er.

Bette Davis

Männer behaupten ...

Deutsch ist schon deshalb eine gute Sprache,
weil in ihr Mensch und Mann nicht das gleiche sind.

Wolfgang Hildesheimer

Zur Beschreibung des modernen Mannes genügt ein einziger Satz: er treibt Unzucht und liest die Zeitung.

Albert Camus

Welches Ziel der Mann auch immer erreicht,
er verdankt es seiner Brutalität.

Karl Liebknecht

Die Roheit der Männer hat ihren Ursprung in ihrer Schwäche.

Ludwig Börne

Ein deutscher Mann mißtraut allem Fremden,
es sei denn, es läßt sich trinken.

Kurt Tucholsky

Es gibt nur zwei gute Männer auf der Welt:
der eine ist tot, der andere nicht zu finden.

Hugo von Hofmannsthal

Zeig mir einen gesunden Mann, und ich werde ihn heilen.

Carl Gustav Jung

Spott und Ketzereien

Frauen behaupten …

Männer sind zwar oft so jung, wie sie sich fühlen, aber niemals so bedeutend.

Simone de Beauvoir

Wenn ein Mann der umworbenen Frau versichert, er sei ihrer nicht würdig, dann hat er meistens damit recht.

Jeanne Moreau

Männer sind wie Taschenlampen.
Sie blenden, ohne viel Licht zu verbreiten.

Lore Lorentz

Männer sind wie Sparbüchsen. Den meisten Lärm machen die, in denen am wenigsten steckt.

Marilyn Monroe

Playboy – dieses Wort trifft den Kern der Sache.
Ein Playboy ist einer, der mit den Frauen nur spielen möchte und der niemals erwachsen wird.

Liv Ullmann

Die Frauen machen sich nur deshalb so hübsch, weil das Auge des Mannes besser entwickelt ist als sein Verstand.

Doris Day

Die moderne Frau kennt den Unterschied zwischen einem Autoreifen und einem Mann: Ein Autoreifen muß mindestens einen Millimeter Profil haben.

Lisa Fitz

Männer sind wie Luft, zwar versaut, aber unentbehrlich.

Michelle Pfeiffer

Auch Männer und Wanzen sind ein Teil vom Ganzen.

Irmgard Keun

Männer behaupten ...

Wo das Weib aufhört, fängt der schlechte Mann an.

Heinrich Heine

Wenn der Mann weiß, daß die Epoche seiner stärksten Potenz nicht die ausschlaggebendste der Weltgeschichte ist – das ist schon viel.

Kurt Tucholsky

Männer sind wie Zwiebeln. Man pellt Schale für Schale ab und was übrigbleibt, ist zum Heulen.

Louis Aragon

Kohl: Ein Kopfgemüse, das hinsichtlich Größe und Intelligenz in etwa mit dem eines Mannes zu vergleichen ist.

Ambrose Bierce

Auch der stärkste Mann schaut einmal unters Bett.

Erich Kästner

Hasenfüße markieren besonders gern den »starken Mann«.

Christian Götz

Männer, die behaupten, sie seien die uneingeschränkten Herren im Haus, lügen auch bei anderer Gelegenheit.

Mark Twain

Männer sind Mai, wenn sie freien, und Dezember in der Ehe.

William Shakespeare

Der Scharfsinn verläßt geistreiche Männer am wenigsten, wenn sie unrecht haben.

Johann Wolfgang von Goethe

Der ideale Mann

Alle großen Männer sind bescheiden.

Gotthold Ephraim Lessing

Der starke Mann ist stärker ohne Gewalt.

Bertolt Brecht

Es ist ein Unterschied zwischen einem Mann von Bedeutung und einem Mann, der etwas bedeutet.

Friedrich Hebbel

Es ist ein Lob für einen Mann, wenn man seine Fehler sagen darf, ohne daß er groß zu sein aufhört.

Johannes von Müller

Es gibt bei einem Mann nichts Reizvolleres als die Verbindung von Stärke und Schwäche.

André Malraux

Ich habe es gern, wenn Männer sich wie Männer benehmen: Stark und kindisch, so gefallen sie mir am besten.

Françoise Sagan

Der ideale Ehemann ist ein unbestätigtes Gerücht.

Brigitte Bardot

Den idealen Gatten gibt es nicht. Der ideale Gatte bleibt ledig.

Oscar Wilde

Sicherlich gibt es am Werte eines Mannes vieles, was die Frauen nicht ahnen.

Stendhal

Wechselbilder

Über den »kleinen Unterschied«

Entschiedene, eingreifende Aktivität ist dem Manne von Natur zugewiesen; passives Weben und Leben dem Weibe. Beide Gesetze dürfen nicht ungestraft überschritten werden.

Ernst von Feuchtersleben

Die Welt kann zwar durch die Kraft des Mannes bewegt werden, gesegnet aber im eigentlichen Sinne des Wortes wird sie immer nur im Zeichen der Frau.

Gertrud von Le Fort

Im höheren Sinne ist das Leben des Mannes Ruhm, das Leben der Frau Liebe.

Honoré de Balzac

Die Frau verliert in der Liebe zu einem ausgezeichneten Mann das Bewußtsein ihres eigenen Wertes; der Mann kommt erst recht zum Bewußtsein des einen durch die Liebe einer edlen Frau.

Marie von Ebner-Eschenbach

Der Mann ist leicht zu erforschen, die Frau verrät ihr Geheimnis nicht.

Immanuel Kant

Die Männer sind wichtig, aber die Frauen sind magisch.

Cathérine Deneuve

Frauen forschen lange und aufmerksam im Spiegel, Männer forschen lange und aufmerksam in Büchern; das Ziel ist das gleiche: sich schöner werden zu sehen.

Hugo von Hofmannsthal

Eine eitle Frau braucht einen Spiegel. Ein eitler Mann ist sein eigener Spiegel.

Françoise Sagan

Männer leben vom Vergessen, Frauen von Erinnerungen.

T. S. Eliot

Der Mann vertritt die jeweilige geschichtliche Situation, die Frau vertritt die Generation.

Gertrud von Le Fort

Denn gewiß ist es, daß Männer von Natur bloß heiß oder kalt sind; zur Wärme müssen sie erst gebildet werden. Aber die Frauen sind von Natur sinnlich und geistig warm und haben Sinn für Wärme jeder Art.

Friedrich Schlegel

Frauen möchten in der Liebe Romane erleben, Männer Kurzgeschichten.

Daphne du Maurier

Männlichkeit muß erst erworben werden, Weiblichkeit ist angeboren. Der Mann ist gegenüber der Frau also im Zustand der Benachteiligung.

Gabriel Garcia Márquez

Wenn ein Mann zurückweicht, weicht er zurück.
Eine Frau weicht nur zurück, um besser Anlauf nehmen zu können.

Zsa Zsa Gabor

Der Mann kann sich nur als Held zeigen, indem er angreift, das heißt indem er Schmerzen zufügt. Die Frau dagegen zeigt ihr Heldentum, indem sie die Schmerzen erträgt.

Ernest Bornemann

Männer kann man überreden, Frauen muß man überzeugen.

Barbara Streisand

Die Ehre des Mannes besteht in der Schätzung seiner selbst, die des Weibes in dem Urteil anderer.

Immanuel Kant

Ist der Vater fünfmal in der Woche weg, dient dies dem allgemeinen Wohl. Ist die Mutter aber einmal in der Woche weg, hält man das Wohl der Familie für gefährdet.

Hanna-Renate Laurien

Männer sind in fremder, Frauen in eigener Sache die besseren Diplomaten.

Sigmund Graff

Brüllt ein Mann, ist er dynamisch. Brüllt eine Frau, ist sie hysterisch.

Hildegard Knef

Die Frau hat mehr Geist, der Mann mehr Genie. Die Frau beobachtet, der Mann schießt.

Jean-Jacques Rousseau

Der Gipfel der Ungerechtigkeit: Falten machen einen Mann männlicher, eine Frau älter.

Jeanne Moreau

Zerrbilder

– über Frauen

Die »alten Griechen« ...

Es gibt ein gutes Prinzip, das die Ordnung, das Licht und den Mann, und ein schlechtes Prinzip, das das Chaos, die Finsternis und die Frau geschaffen hat.

Pythagoras

Zweck und Mittelpunkt der irdischen Natur ist nicht der Mensch, sondern der männliche Mensch. Ein weibliches Kind ist eine Art von Mißgeburt und das Weibliche etwas Verstümmeltes im Vergleich zum Männlichen.

Aristoteles

Viele Ungeheuer gibt es auf der Erde und im Meer,
aber das größte aller Übel ist immer noch die Frau!

Menander

Tausend Frauen wiegen das Leben eines einzigen Mannes auf.

Euripides

Wir haben die Hure für die Vergnügungen des Geistes und die Gattin, um uns Söhne zu schenken.

Demosthenes

Glaubensverkünder ...

Die Frauen seien ihren Männern untergeben wie dem Herrn. Denn der Mann ist das Haupt für die Frau, wie Christus das Haupt für die Kirche ist ... Wie die Kirche Christus untertan ist, so seien es in allem auch die Frauen ihren Männern.

Apostel Paulus

Die Frau ist das Tor, durch das Satan in die Welt gekommen ist.

Tertullian

Die Frau ist eine Kreatur ohne Halt und Festigkeit.

Augustinus

Beide, das gute und das schlechte Pferd, brauchen die Sporen. Beide, die gute wie die schlechte Frau, brauchen die Peitsche.

Bernhard von Clairvaux

Um die Ordnung in der Familie aufrechtzuerhalten, müssen die Klügeren die anderen lenken. Darum ist die Frau von Natur aus dem Mann, bei dem der Verstand herrscht, untertan.

Thomas von Aquin

Weibern, die da Herren im Haus sein wollen, zu dienen, ist nicht allein lästig, sondern auch schändlich. Sie sollen nicht über die Männer, sondern über Kinder, Schafe und Esel herrschen.

Martin Luther

Philosophen ...

Die Frau ist ein menschliches Wesen, das sich anzieht, schwatzt und sich wieder auszieht.

Voltaire

Das Weib ist das niedrig gewachsene, schmalschultrige, breithüftige und kurzbeinige Geschlecht, das man das unästhetische nennen könnte. Das Weib ist eine Art Mittelstufe zwischen dem Kinde und dem Manne, als welcher der eigentliche Mensch ist.

Arthur Schopenhauer

Das Weib repräsentiert den geringen Grad der menschlichen Entwicklung. Das Weib ist ein in der Entwicklung stehengebliebener Mann.

Herbert Spencer

Selten denkt das Frauenzimmer, denkt es aber, taugt es nichts ... Wenn ein Weib gelehrte Neigungen hat, ist etwas in seiner Geschlechtlichkeit nicht in Ordnung.

Friedrich Nietzsche

Das Weib ist nichts, nur so konnte es alles werden.

Otto Weininger

Die Frau scheint dazu bestimmt, die Menschheit in den Grenzen der Mittelmäßigkeit zu halten und zu verhindern, daß der Mann je zum Halbgott aufsteigt.

José Ortega y Gasset

Schriftsteller ...

Weiber sind Kinder, keine Vollmenschen.

Hermann Löns

Schon die Naturforscher haben erkannt, daß bei allen Tierarten die Degeneration beim Weibchen beginnt.

Nicolas de Chamfort

Behandelt die Frauen mit Nachsicht! Aus krummer Rippe ward sie geschaffen; Gott konnte sie nicht gerade machen.

Johann Wolfgang von Goethe

Da wir wissen, daß Gott nichts Böses tun kann,
läßt sich leicht erraten, woher die Frau kommt.

Emile Zola

Der Mann hat fünf Sinne, das Weib bloß einen.

Karl Kraus

Wie kann ein Mann ein Ding lieben, das ihm zum Trotze auch denken will? Ein Frauenzimmer, das denkt, ist ebenso ekel als ein Mann, der sich schminkt.

Gotthold Ephraim Lessing

Fühlen, lieben, leiden und sich erniedrigen,
wird immer der Inhalt des Lebens einer Frau sein.

Honoré de Balzac

Die Weiber haben den Zweck, jung zu sein.

Friedrich Hebbel

Für mich ändert die Frau mit sechsundzwanzig oder siebenundzwanzig Jahren das Geschlecht; sie wird etwas anderes als eine Frau, sie wird etwas, das man nicht mehr begehrt.

Henry de Montherlant

Frauen: austauschbare Werkzeuge zu einem stets gleichen Vergnügen.

Marcel Proust

Das Weib hat Hunger, es will essen; Durst, es will trinken; brünstig, und will gefickt werden: Das Weib ist natürlich, also abscheulich.

Charles Baudelaire

Die Frau ist der annehmbarste Naturfehler.

John Milton

Jeder Mann hat etwas Höheres als das Weib, wenn er wieder nüchtern ist.

Max Frisch

In jeder Frau steckt auch ein kleiner Mensch.

Christian Dietrich Grabbe

... und ein Sozialist

Zur Welt der Ideen trägt die Frau nichts eigenes bei; sie ist ein passives und entnervendes Wesen, dessen Geplapper einen ebenso erschöpft, wie es ihre Umarmung tut. Wer die volle Kraft des Körpers und seines Geistes bewahren will, muß die Frau fliehen, denn sie ist mörderisch.

Pierre Joseph Proudhon

Gründe für Unterdrückung und Diffamierung

Erinnert Euch all der Gesetze, mit denen unsere Vorfahren die Freiheit der Frauen gebunden, durch die sie die Weiber der Macht der Männer gebeugt haben. Sobald sie uns gleichgestellt sind, sind sie uns überlegen.

Cato

Eine Frau, gleichgestellt, wird überlegen.

Sokrates

So kann man mit Recht sagen, daß die Frau im Zustand der Freiheit den Mann in allen geistigen und körperlichen Tätigkeiten übertreffen wird, soweit die letzteren nicht Ausfluß physischer Stärke sind.

Charles Fourier

Wo immer die Frau unterdrückt wurde, geschah es niemals, weil sie schwach war, sondern weil sie als mächtig erkannt und gefürchtet wurde – mit Recht.

Gertrud von Le Fort

Das wirtschaftliche Privileg, das die Männer besitzen, ihre soziale Geltung, die Vorrangstellung der Ehefrau, der Nutzen männlicher Protektion, das alles bringt die Frauen dazu, daß sie sich glühend wünschen, den Männern zu gefallen. Im großen ganzen befinden sie sich noch im Zustand der Hörigkeit.

Simone de Beauvoir

Einige Einsichten

Der Ausspruch »Er soll dein Herr sein« ist die Formel einer barbarischen Zeit, die lange vorüber ist.

Johann Wolfgang von Goethe

Wahrlich eine verderbliche Lehre: Es sei die Bestimmung des Weibes, Gattin oder Mutter zu werden. Damit wird das Weib als Mensch, als Individuum völlig ausgeschaltet, als hätte es an sich überhaupt keinen Sinn, keine Entwicklungsmöglichkeiten, habe überhaupt nur in Beziehung auf Gatten und Kind Existenzberechtigung. Möchten sich doch alle darüber klar werden, daß wir außer Männchen und Weibchen auch noch Menschen sind.

Christian Morgenstern

Wenn man in der Geschichte so wenige geniale Begabungen unter den Frauen findet, so kommt es daher, daß die Gesellschaft ihnen jedes Ausdrucksmittel versagt.

Stendhal

Gegenwehr

Wir nehmen uns das Recht, nicht länger weiblich zu sein, sondern menschlich ... Jeder Versuch einer Befreiung der Frauen wird sich kollektiv und auch individuell gegen männliche Privilegien richten müssen; das heißt, auch gegen den eigenen Mann.

Alice Schwarzer

Eine einzige Scheidung, die einen Ehemann für seine Tyrannei bestraft, verhindert tausend schlechte Ehen.

Stendhal

Wunschbilder

Was Frauen und Männer voneinander erwarten

Glück

Glück ist ...

Das Glück besteht darin, zu leben wie alle Welt und doch wie kein anderer zu sein.

Simone de Beauvoir

Glück ist Talent für das Schicksal.

Novalis

Glück besteht darin, die Eigenschaften zu haben, die von der Zeit verlangt werden.

Henry Ford

Glück ist, seinen Anlagen gemäß verbraucht zu werden.

Frank Wedekind

Glück, das ist einfach eine gute Gesundheit und ein schlechtes Gedächtnis.

Ernest Hemingway

Grenzen

Das einzige Paradies ist das verlorene Paradies.

Marcel Proust

Das vollkommene Glück ist unbekannt.
Für den Menschen ist es nicht geschaffen.

Voltaire

Glücklich ist nicht, wer anderen so vorkommt,
sondern wer sich selbst dafür hält.

Seneca

Wer sein Glück nur in Träumen findet,
paßt nicht zu wirklichen Freuden.

Johann Nestroy

Glücksbringer

Das Glück im Leben hängt von den guten Gedanken ab,
die man hat.

Mark Aurel

Wer an Glück glaubt, der hat Glück.

Friedrich Hebbel

Jeder hat sein eigen Glück unter den Händen, wie der Künstler eine rohe Materie, die er zu einer Gestalt umbilden will. Aber es ist mit dieser Kunst wie mit allen: nur die Fähigkeit dazu wird uns angeboren, sie will gelernt und sorgfältig ausgeübt sein.

Johann Wolfgang von Goethe

Glück gibt es nur, wenn wir vom Morgen nichts verlangen und vom Heute dankbar annehmen,was es bringt; die Zauberstunde kommt doch immer wieder.

Hermann Hesse

Das Glück ist das einzige, was sich verdoppelt,
wenn man es teilt.

Albert Schweitzer

Glück ist etwas, was man geben kann, ohne es zu haben.

Ricarda Huch

Liebe

Frauen behaupten ...

Ich will geliebt sein – oder ich will begriffen sein.
Das ist eins.

Bettina von Arnim

Liebe ist das einzige, was nicht weniger wird, wenn wir es verschwenden.

Ricarda Huch

Das Glück der Liebe gibt es nur in der Ehe.

Madame de Staël

Eine große Liebe läßt sich durch die Wirklichkeit des Geliebten nicht stören.

Hanna Arendt

Liebe ist die Lebensgeschichte einer Frau und eine Episode im Leben des Mannes.

Madame de Staël

Es gibt ein Alter, in dem eine Frau schön sein muß, um geliebt zu werden. Und dann kommt das Alter, in dem sie geliebt werden muß, um schön zu sein.

Françoise Sagan

Männer behaupten ...

Liebe ist der Versuch, etwas zu geben, nicht zu erhalten.

Bertolt Brecht

Liebe ist der Entschluß, das Ganze eines Menschen zu bejahen, die Einzelheiten mögen sein, wie sie wollen.

Otto Flake

Einen Mann lieben heißt: einwilligen, mit ihm alt zu werden.

Albert Camus

Einen Menschen lieben heißt: ihn ernst nehmen.

Manfred Hausmann

Jemanden lieben heißt: als einziger ein für die anderen unsichtbares Wunder sehen.

François Mauriac

Liebe ist die Freude, ein liebenswertes und liebendes Wesen mit allen Sinnen und in nächster Nähe zu sehen, zu berühren und zu fühlen.

Stendhal

Die Liebe ist Leidenschaft, und nur die Leidenschaft ist das Wahrzeichen der Existenz.

Ludwig Feuerbach

Der Liebe Preis

Man sei erst liebenswert, wenn man geliebt sein will.

Johann Wolfgang von Goethe

Liebe ist nur dann von Dauer, wenn die Liebenden mehr Gemeinsamkeiten haben als die gegenseitige Zuneigung.

Walter Lippmann

Das ist das Eigentümliche an der Liebe, daß sie sich niemals gleich bleiben kann; sie muß unaufhörlich wachsen, wenn sie nicht abnehmen soll.

André Gide

Liebe ist kein Solo. Liebe ist ein Duett.
Schwindet sie bei einem, verstummt das Lied.

Adelbert von Chamisso

Einige Mahnungen

Die Liebe zweier Liebenden ist fast nie die gleiche.

Stendhal

In einer Kultur, in der die Marketing-Orientierung vorherrscht, in welcher der materielle Erfolg der höchste Wert ist, darf man sich kaum darüber wundern, daß sich auch die menschlichen Liebesbeziehungen nach den gleichen Tauschmethoden vollziehen, wie sie auf dem Waren- und Arbeitsmarkt herrschen.

Erich Fromm

Man kann alles auf der Welt nachahmen und fälschen, nur die Liebe nicht: Liebe kann man nicht stehlen, nicht nachahmen; sie wohnt nur in dem Herzen, das sich ganz zu geben weiß.

Hermann Hesse

Die wenigsten Menschen lieben an dem anderen das, was er ist; nur das was sie ihm leihen, sich, ihre Vorstellung von ihm, lieben sie.

Johann Wolfgang von Goethe

Skepsis und Spott

Liebe: in Frankreich eine Komödie, in England eine Tragödie, in Italien eine Oper und in Deutschland ein Melodram.

Heinrich Heine

Liebe ist die einzige Sklaverei, die als Vergnügen empfunden wird.

George Bernard Shaw

Die Liebe ist der Triumph der Einbildungskraft über die Intelligenz.

Henry Louis Mencken

Die Liebe ist eine Gemütskrankheit, die durch die Ehe oft schnell geheilt werden kann.

Sacha Guitry

Die Liebe ist wie ein Fieber, das zwei Menschen gleichzeitig befällt. Wer von beiden zuerst gesundet, den langweilt der andere gräßlich.

Stendhal

Die Liebe besteht zu drei Vierteln aus Neugier.

Casanova

Ich weiß nicht, ob die Liebe Glück ist. Jedenfalls ist sie das charmanteste Unglück, das einem zustoßen kann.

Curt Goetz

Freundschaft

Freundschaft, das ist wie Heimat.

Kurt Tucholsky

Ein wahrer Freund trägt mehr zu unserem Glück bei als tausend Feinde zu unserem Unglück.

Marie von Ebner-Eschenbach

Es kommt nicht darauf an, daß die Freunde zusammenkommen, sondern darauf, daß sie übereinstimmen.

Johann Wolfgang von Goethe

Ein Freund ist einer, vor dem ich laut denken darf.

Ralph Waldo Emerson

Ein Freund kritisiert dich wie ein Feind –
und bleibt doch dein Freund.

Christian Götz

Es soll keiner einen für seinen vertrauten Freund halten, er habe denn zuvor einen Scheffel Salz mit ihm gegessen.

Martin Luther

Jedermann will einen Freund haben, aber niemand gibt sich die Mühe, auch einer zu sein.

Alfred Kerr

Ehe man anfängt, seine Feinde zu lieben,
sollte man seine Freunde besser behandeln.

Mark Twain

Man soll das Gras auf dem Weg zum Freund nicht wachsen lassen.

Indianisches Sprichwort

Die Frauen gehen in der Liebe weiter als die meisten Männer, aber die Männer sind größer in der Freundschaft.

La Bruyère

Frauen von Freunden zerstören die Freundschaft.

Kurt Tucholsky

Partnerschaft

Allein ist der Mann ein unvollkommenes Ding;
er muß einen zweiten finden, um glücklich zu sein.

Blaise Pascal

Ein Partner muß kein »halber Gott« sein.
Es genügt, wenn er ein ganzer Mensch ist.

Bertha von Suttner

Die Epochen, in denen die Frau am meisten geliebt worden ist, waren nicht die Zeiten der höfischen Minne und nicht das galante 19. Jahrhundert, sondern die Zeitalter, das 18. Jahrhundert zum Beispiel, in denen die Männer in ihren Frauen gleichgestellte Wesen sahen; da herrschte wahre Romantik.

Simone de Beauvoir

Wenn es eines Tages keine Rolle mehr spielt, ob ich ein Mann oder eine Frau bin, erst dann habe ich meine Zukunftsvision vom Zusammenleben der Geschlechter erreicht.

Alice Schwarzer

Ich mache keinen Unterschied zwischen Mann und Frau. Die Frau soll sich genauso unabhängig fühlen wie der Mann.

Mahatma Gandhi

Sollen endlich alle Möglichkeiten der Ehe ausgeschöpft werden, dann müssen Mann und Frau begreifen lernen, daß beide in ihrem persönlichen Leben frei sein müssen, wie auch das Gesetz sich dazu stellen möge.

Bertrand Russell

Männer und Frauen müssen sich in der Unterschiedlichkeit der Geschlechter zu einer Rollengleichheit bereit finden, damit das Kind begreifen kann, daß die Unterschiedlichkeit der Körper keinen Machtunterschied erzeugt; denn der ist die Grundlage für den Krieg zwischen Männern und Frauen.

Christiane Olivier

Nur wenn ich versuche, meine Partnerin oder meinen Partner glücklich zu machen, auf seine Wünsche und seine Bedürfnisse einzugehen, ihm zu seiner Lust zu verhelfen, werde auch ich den Rausch höchster Lust und höchsten Glücks und tiefste Befriedigung und Erfüllung erleben.

Hans A. Pestalozzi

Eine dauernde Bindung zu einer Frau ist nur möglich, wenn man im Theater über dasselbe lacht, wenn man gemeinsam schweigen kann, wenn man gemeinsam trauert.

Gottfried Benn

Wenn die Frau heute nur die Gleichberechtigung anstrebt und nichts weiter, ist das ein Zeichen, daß sie dem Mann seine jahrhundertelange Vorherrschaft verziehen hat.

Henry Miller

Denn nur die Starke kann die Freundin sein des starken Mannes.

Friedrich von Schiller

Nur ein Friede zwischen Gleichen ist von Dauer.

Woodrow Wilson

Ehe

Für und Wider

Die Ehe ist der Anfang und der Gipfel aller Kultur. Sie macht den Rohen mild, und der Gebildetste hat keine bessere Gelegenheit, seine Milde zu beweisen. Unauflöslich muß sie sein; denn sie bringt sovieles Glück, daß alles einzelne Unglück dagegen gar nicht zu rechnen ist.

Johann Wolfgang von Goethe

Die deutsche Ehe ist keine wahre Ehe. Der Ehemann hat keine Ehefrau, sondern eine Magd, und lebt sein isoliertes Hagestolzleben im Geiste fort, selbst im Kreis der Familie. Ich will darum nicht sagen, daß er der Herr sei; im Gegenteil. Er ist zuweilen nur der Bediente seiner Magd, und den Servilismus verleugnet er auch im Hause nicht.

Heinrich Heine

Soweit die Erde Himmel hat, soweit ist sie es in einer glücklichen Ehe.

Marie von Ebner-Eschenbach

Die gute Ehe hat mitunter einen schlechten Tag. Die schlechte mitunter einen guten.

Heinrich Wiesner

Die Ehe ist und bleibt die wichtigste Entdeckungsreise, die der Mensch unternehmen kann.

Sören Kierkegaard

Das Schicksal, das die Gesellschaft herkömmlicherweise für die Frau bereithält, ist die Ehe. Auch heute noch sind die meisten Frauen verheiratet, sie waren es, sie bereiten sich auf die Ehe vor, oder sie leiden darunter, daß sie nicht verheiratet sind.

Simone de Beauvoir

Frauen sind die Geliebten der Männer in der Jugend, die Gefährtinnen auf der Höhe des Lebens, die Pflegerinnen im Alter. Auf diese Weise kann ein Mann zu jeder Zeit eine Rechtfertigung für seine Heirat finden.

Francis Bacon

Der Mann erträgt die Ehe aus Liebe zur Frau. Die Frau erträgt den Mann aus Liebe zur Ehe.

Gabriel Laub

Ehealltag

Die Ehe ist in ihrer Art ganz erträglich, wenn man sie nicht zu schwer nimmt und nicht zuviel von ihr erwartet. Aber sie verträgt nicht, daß man über sie nachdenkt.

George Bernard Shaw

Ehe ist Forderung und Hingabe in einem. Wenn sie aber blühen soll, so muß der Selbstlosigkeit ein breiter Raum gegönnt werden. Sie ist vielleicht der größte Erziehungsfaktor in der Schule des Lebens, und wie alle Schulen ist auch die des Lebens kein leichtes Spiel.

»Die vollkommene Ehe« (1923)

Wollen wir das Licht in der Ehe bewahren, so müssen wir auch den Schatten akzeptieren.

Emil Oesch

Man soll sich beim Eingehen einer Ehe die Frage vorlegen: Glaubst du, dich mit dieser Frau bis ins Alter hinein gut unterhalten zu können? Alles andere ist in der Ehe transitorisch, aber die meiste Zeit des Verkehrs gehört dem Gespräch an.

Friedrich Nietzsche

Die Ehe ist ein Bauwerk, das jeden Tag neu errichtet werden muß.

André Maurois

Die Ehe funktioniert am besten, wenn beide Partner ein bißchen unverheiratet bleiben.

Claudia Cardinale

Ehemuffel

Ehe: legalisierte Einsamkeit zu zweit.

Jean Genet

Das Geheimnis einer glücklichen Ehe liegt darin, daß man einander verzeiht, sich gegenseitig geheiratet zu haben.

Sacha Guitry

In der Ehe pflegt gewöhnlich immer einer der Dumme zu sein. Nur wenn zwei Dumme heiraten, das kann mitunter gutgehen.

Kurt Tucholsky

Die Ehe ist der Versuch, zu zweit mit den Problemen fertig zu werden, die man alleine niemals gehabt hätte.

Woody Allen

Viele Frauen heiraten, weil sie des Alleinseins müde sind. Und viele Frauen lassen sich scheiden, weil sie des Alleinseins müde sind.

Hanne Wieder

Heiraten: Was macht es für einen Unterschied, ob ein Mann seine Geliebte oder seine Ehefrau betrügt?

Isabel Allende

Schmähungen

Ehe: gegenseitige Freiheitsberaubung in beiderseitigem Einvernehmen.

Oscar Wilde

Die Ehe ist in vielen Fällen lebenslängliche Doppelhaft ohne Bewährungsfrist und Strafaufschub, verschärft durch Fasten und gemeinsames Lager.

Jean-Paul Sartre

Manche Ehe ist ein Todesurteil, das jahrelang vollstreckt wird.

August Strindberg

Viele, von denen man glaubt, sie seien gestorben, sind bloß verheiratet.

Françoise Sagan

Die Ehe ist eine obszöne Einrichtung zur totalen kommerziellen Ausbeutung des Mannes.

Esther Vilar

Familie

Die Familie ist es, die unseren Zeiten not tut; sie tut mehr not als Kunst und Wissenschaft, als Verkehr, Handel, Aufschwung, Fortschritt oder wie alles heißt, was begehrenswert erscheint. Auf der Familie ruht die Kunst, die Wissenschaft, der menschliche Fortschritt, der Staat.

Adalbert Stifter

Im Durchschnitt sind ... die Menschen am glücklichsten, die ein angebornes, ein Familientalent im häuslichen Kreise auszubilden Gelegenheit finden.

Johann Wolfgang von Goethe

Ganz aufgehen in der Familie heißt ganz untergehen.

Marie von Ebner-Eschenbach

Das Wort »Familienbande« hat einen Beigeschmack von Wahrheit.

Karl Kraus

Unsere Familie ist die beste Organisationsform des Patriarchats und seine verläßlichste Garantin.

Manès Sperber

Die moderne Einzelfamilie ist gegründet auf die offene und verhüllte Haussklaverei der Frau ... Er ist in der Familie der Bourgeois, die Frau repräsentiert das Proletariat.

Friedrich Engels

Früher war die Familie eine Tankstelle – jetzt ist sie eine Garage.

Graham Greene

Sinnlichkeit und Liebesfreuden

Hindernisse

Radikale Askese, das bedeutet immer und überall nur Charakterschwäche.

Thomas Mann

Enthaltsamkeit rächt sich immer. Bei dem einen erzeugt sie Pusteln, beim anderen Sexualgesetze.

Karl Kraus

Von allen sexuellen Verirrungen ist Keuschheit die seltsamste.

Herbert Marcuse

Keuschheit ist ebensowenig eine Tugend wie Unterernährung.

Alex Comfort

Wenn strenge Monogamie der Gipfel aller Tugend ist, so gebührt die Palme dem Bandwurm, der seine ganze Lebenszeit damit zubringt, sich mit sich selbst zu begatten.

Friedrich Engels

Prüderie ist eine Art von Geiz, die allerschlimmste.

Stendhal

Prüde Leute haben eine schmutzige Phantasie.

Jonathan Swift

Je puritanischer die Sexualethik, desto sadistischer die Gesellschaft.

Irenäus Eibl-Eibesfeldt

Es gibt nichts Langweiligeres auf der Welt als unaufrichtige Schamhaftigkeit.

Stendhal

Chancen

Die ganze Liebeskunst beruht meiner Ansicht nach darauf, immer genau den im Augenblick richtigen Gefühlston zu treffen; d. h. mit anderen Worten, seiner Seele Gehör zu geben.

Stendhal

Schamhaftigkeit steht jedem gut; aber man muß verstehen, sie zu überwinden, ohne sie zu verlieren.

Montesquieu

Liebe ist das probateste Mittel, das Schamgefühl zu überwinden.

Sigmund Freud

Lust verkürzt den Weg.

William Shakespeare

Unsere Lust ist die Lust des anderen.

Henry de Montherlant

Der Mann wertet die Lust nach der Stärke, die Frau nach der Tiefe und der Tor nach der Dauer.

Karl Peltzer

Wandelbarkeit ist die große Tugend der Frau.
Wer ein echtes Weib ist, braucht keinen Harem.

Gilbert Keith Chesterton

Am Anfang widersteht eine Frau dem Ansturm des Mannes, und am Ende verhindert sie seinen Rückzug.

Oscar Wilde

Eine richtige Frau wirkt voll bekleidet auf einen Mann anziehender als ein nacktes Weib.

Romy Schneider

Eine Frau, die sich einem Manne hingibt, muß mit ihren Kleidern nach und nach die Schamhaftigkeit fallen lassen und sie mit ihnen wieder anlegen.

Stendhal

Die Frauen müssen wieder lernen, den Mann auf das neugierig zu machen, was er schon kennt.

Coco Chanel

Statt zu warten, bis das Licht ausgeht, sollte eine Frau gelernt haben, wie sie ihren Mann auch am Abendbrottisch glücklich machen kann.

Henry Miller

Ehe ist ein Spielplan mit gleichbleibendem Repertoire; folglich sollte man wenigstens die Inszenierung ändern.

Federico Fellini

Moralisch ist, wonach man sich gut fühlt. Unmoralisch ist, wonach man sich schlecht fühlt.

Ernest Hemingway

Erotik

Wollen wir ein Menschenleben verstehen, so müssen wir wissen, welche Rolle das Erotische darin spielt.

Eduard von Keyserling

Erotik verhält sich zur Sexualität wie Gewinn zu Verlust.

Karl Kraus

Wenn man das erotische Verhalten der Männer heute betrachtet, ist es durchaus denkbar, daß Frauen eines Tages auch einen Computer lieben könnten; der Unterschied wäre nicht groß.

Anna Magnani

Die Erotik ist sozialisierte Sexualität.

Octavio Paz

Auch der Geist kann eine erogene Zone sein.

Raquel Welch

Erotik ist die Überwindung von Hindernissen.
Das verlockendste und populärste Hindernis ist
die Moral.

Karl Kraus

Das Problem: Fast alle Männer wünschen sich
eine Jungfrau mit den Erfahrungen einer Messalina.

Jeanne Moreau

Einer schönen Frau zuzusehen, die sich anzieht, das ist so schön wie der Anblick junger, spielender Raubtiere. Alles geschieht im höchsten Ernst und ist doch Spiel.

Kurt Tucholsky

Das Schlimme an den Männern ist, daß sie Angst vor der Leidenschaft haben. Sie lieben mit dem Fuß auf dem Bremspedal – und deshalb wissen sie überhaupt nicht, was Leidenschaft ist.

Brigitte Bardot

Beim Liebesspiel ist es wie beim Autofahren: Die Frauen bevorzugen die Umleitung, die Männer die Abkürzung.

Jeanne Moreau

Sex

Sex ist die größte Nichtigkeit aller Zeiten.

Andy Warhol

Sex ist der Leim, der das Gefüge der menschlichen Beziehungen zusammenhält; er bringt Familien und Romanzen hervor.

John Updike

Wenn man sieht, wie unsere Zeit mit der Entdeckung des Sex angibt, wundert man sich unwillkürlich, wieso die Menschheit in den Jahrhunderten vorher nicht ausgestorben ist.

Jean Genet

Wir sind von der Sexualität besessen; und zwar umso mehr, je weniger wir sie praktizieren.

Ernest Bornemann

Innerhalb von 50 Jahren haben die Menschen aus dem sexuellen Fortschritt eine Ruderregatta gemacht:
Wer kann am besten, am längsten, am schnellsten?
Ist das nicht absurd? Aus dem sexuellen Fortschritt wird sofort wieder ein Zwang.

Alexander Mitscherlich

Sex ist die Liebesform einer Zeit, die für die Liebe keine Zeit mehr hat.

Sigmund Graff

Wir brauchen eine Geisteshaltung, die in der Sexualität kein »Problem«, sondern ein Vergnügen sieht.

Alex Comfort

Sex ist sehr unkompliziert, wenn man von keinem Komplex, sondern von einem Bedürfnis geleitet wird.

Georges Simenon

Die Sexualität ist von uns hineingelegt, nicht damit wir sie in Respekt vor dem unerforschlichen, aber unerfreulichen Ratschluß des Schöpfers ertragen, sondern damit wir sie als einen herrlichen und spezifisch menschlichen Reichtum unseres Lebens erkennen.

Helmut Gollwitzer

Sex und Lust gehören den Frauen; wir Männer spüren oft nicht einmal, was damit gemeint ist.

Federico Fellini

Vor allem anderen macht Abhängigkeit vom Mann Frauen unfähig, sexuelle Lust zu empfinden.

Alice Schwarzer

Sex in längerer Verbindung ist die Kunst, Reprisen immer wieder wie Premieren erscheinen zu lassen.

Jeanne Moreau

Der Irrtum mancher Frauen liegt darin, daß sie ihren völligen Mangel an Sex-Appeal mit Tugendhaftigkeit verwechseln.

Raquel Welch

Wer eine neue Sexualmoral aufbauen will, sollte sich in erster Linie nicht die Frage nach der Regelung der Beziehungen zwischen den Geschlechtern vorlegen, sondern die, ob es gut oder schlecht ist, wenn Männer, Frauen wie Kinder über alle geschlechtlichen Dinge in Unwissenheit gehalten werden. Ich stelle diese Frage an den Anfang, weil Unkenntnis des Geschlechtslebens für jeden Menschen höchst nachteilig ist.

Bertrand Russell

Untiefen

Kompendium über Ursachen für Beziehungsstreß, Streit und Krisen

Angst

Man hat nur Angst, wenn man mit sich selbst nicht einig ist.

Hermann Hesse

Liebe zu fürchten, bedeutet das Leben zu fürchten, und wer das Leben fürchtet, ist bereits zu drei Viertel tot.

Bertrand Russell

Wer gar zuviel bedenkt, wird wenig leisten.

Friedrich von Schiller

Anmaßung

Die Forderung, geliebt zu werden, ist die größte aller Anmaßungen.

Friedrich Nietzsche

Arroganz

Mancher hält sich für vollkommen, nur weil er geringere Ansprüche an sich stellt.

Hermann Hesse

Arroganz ist die Karikatur des Stolzes.

Ernst von Feuchtersleben

Bosheit

Die Bosheit trinkt die Hälfte ihres eigenen Giftes.

Seneca

Dummheit

Was nennen die Menschen am liebsten dumm?
Das Gescheite, das sie nicht verstehen.

Marie von Ebner-Eschenbach

Nur in einem Punkt sind alle Menschen zufrieden:
Ihr Verstand genügt ihnen, egal, wieviel sie davon haben.

Harold Pinter

Der Mangel an Urteilskraft ist eigentlich das, was man Dummheit nennt; und einem solchen Gebrechen ist gar nicht abzuhelfen.

Jean-Paul Sartre

Der Gescheitere gibt nach! Eine traurige Wahrheit:
Sie begründet die Weltherrschaft der Dummheit.

Marie von Ebner-Eschenbach

Egoismus

Egoistisches Leben erntet, was es vermeiden will:
Einsamkeit und Leere.

Helmut Gollwitzer

Egoismus besteht nicht darin, daß man sein Leben nach seinen Wünschen lebt, sondern darin, daß man von anderen verlangt, daß sie so leben, wie man es wünscht.

Oscar Wilde

Eifersucht

Eifersucht ist eine Leidenschaft, die mit Eifer sucht, was Leiden schafft.

Miguel de Cervantes

Eifersucht ist Angst vor dem Vergleich.

Max Frisch

Ein Eifersüchtiger weiß nichts, ahnt viel und befürchtet alles.

Curt Goetz

Eifersucht enthält mehr Eigenliebe als Liebe.

François La Rochefoucauld

Eifersüchtig sein heißt, nicht an seiner Frau, sondern an sich selbst zweifeln.

Honoré de Balzac

Die Eifersucht einer Frau ist nichts anderes als verletzte Eigenliebe.

Anatole France

Eitelkeit

Die Eitelkeit ist der Stolz des Schwachen.

Karl Julius Weber

Jedermann hat gerade soviel Eitelkeit, wie es ihm an Verstand fehlt.

Friedrich Nietzsche

Übertriebene Bescheidenheit ist auch Eitelkeit.

August von Kotzebue

Wir sind so eitel, daß uns sogar an der Meinung der Leute, an denen uns nichts liegt, etwas gelegen ist.

Marie von Ebner-Eschenbach

Fehler

Denkfaulheit, Oberflächlichkeit, Starrsinn sind weibliche, Genußsucht, Rücksichtslosigkeit, Roheit sind männliche, Trotz, Eitelkeit, Neugier sind kindische Fehler.

Marie von Ebner-Eschenbach

Das Schlimmste ist nicht: Fehler haben, nicht einmal, sie nicht bekämpfen, ist schlimm. Schlimm ist, sie zu verstecken.

Bertolt Brecht

Wer einen Fehler gemacht hat und ihn nicht korrigiert, begeht einen zweiten.

Konfuzius

Viele Leute glauben, wenn sie einen Fehler erst eingestanden haben, brauchen sie ihn nicht mehr abzulegen.

Marie von Ebner-Eschenbach

Geiz

Geiz ist die Mutter aller Übel.

Timotheus

Der Armut mangelt viel, dem Geiz alles.

Publius Syrus

Gewalt

Wo Gewalt angewandt wird, da wird Gewalt geweckt.

Karl Jaspers

Seelische Ohrfeigen können verletzender sein als körperliche Züchtigung.

Christian Götz

Gleichgültigkeit

Das größte Übel, das wir unseren Mitmenschen antun können, ist nicht, sie zu hassen, sondern ihnen gegenüber gleichgültig zu sein. Das ist absolute Unmenschlichkeit.

George Bernard Shaw

Gleichgültigkeit jeder Art ist verwerflich, sogar die Gleichgültigkeit gegen uns selbst.

Marie von Ebner-Eschenbach

Grundübel

Der Mensch kennt alle Dinge der Erde,
aber den Menschen kennt er nicht.

Jeremias Gotthelf

Alles hat man herausgefunden, nur nicht, wie man lebt.

Jean-Paul Sartre

Haß

Jeden Ort, welche die Liebe verläßt, gewinnt der Haß.

Gertrud von Le Fort

Würdige keinen des Hasses, den du nicht auch der Liebe würdigen könntest.

Friedrich Hebbel

Haß verzerrt zuallererst das eigene Gesicht.

Christian Götz

Heuchelei

Gar nicht von sich reden ist eine sehr vornehme Heuchelei.

Friedrich Nietzsche

Heucheln: Dem Charakter ein sauberes Hemd überziehen.

Ambrose Bierce

Hochmut

Der Hochmut ist ein Ansinnen an andere,
sich selbst im Vergleich mit uns geringzuschätzen.

Immanuel Kant

Ein stolzer Mann verlangt von sich das Außerordentliche, ein hochmütiger schreibt es sich zu.

Marie von Ebner-Eschenbach

Intoleranz

Wenn in der Ehe weder der Mann der Frau noch die Frau dem Mann etwas nachsehen will – natürlich abgesehen von den Fällen, die die eheliche Gemeinschaft gefährden – dann wird bald der Ehestand zu einer Tyrannei und alles verdirbt.

Martin Luther

Lügen

Eine Lüge ist wie ein Schneeball: je länger man ihn wälzt, je größer wird er.

Martin Luther

Die hinterhältigste Lüge ist die Auslassung.

Simone de Beauvoir

Wer einem Lügner eine offensichtliche Lüge nicht vorhält, lügt selbst.

Christian Götz

Die Strafe für den Lügner besteht nicht darin, daß man ihm nicht glaubt, sondern darin, daß er selbst niemandem mehr glauben kann.

George Bernard Shaw

Die Lüge ist viel teurer als die Wahrheit. Sie kostet den ganzen Menschen.

Friedrich Hebbel

Mißtrauen

Mißtrauisch bist du? Ich verstehe dich: Du willst dir die Mühe ersparen, die Menschen kennenzulernen.

Arthur Schnitzler

Vorsicht und Mißtrauen sind gute Dinge, nur sind auch ihnen gegenüber Vorsicht und Mißtrauen nötig.

Christian Morgenstern

Neid

Der Neid macht das Kleine groß und aus Großen Kleine.

Curt Goetz

Neid schmälert nicht die Freude des Beneideten,
nur die des Neiders.

Oliver Hassencamp

Pessimismus

Ein Pessimist ist ein Mensch, der sich über schlechte Erfahrungen freut, weil sie ihm recht geben.

Heinz Rühmann

Ein Pessimist lächelt höchstens so, daß es keiner merkt.

Peter Ustinov

An den Pessimisten gewöhnt man sich zuletzt wie an ein zu enges Sakko, das sich nicht mehr ändern läßt.

André Gide

Rechthaberei

Es sind die kleinen Rechthabereien, die eine große Liebe zermürben.

Max Frisch

Resignation

Wer aufgibt, wird aufgegeben.

Emil Oesch

Nichts ist erbärmlicher als die Resignation,
die zu früh kommt.

Marie von Ebner-Eschenbach

Schmeichelei

Schmeicheleien sind wie Falschgeld:
Sie machen denjenigen ärmer, der sie empfängt.

Herbert George Wells

Wer die Schmeichelei liebt, ist des Schmeichlers würdig.

Shakespeare

Wenn wir auch der Schmeichelei keinen Glauben
schenken, der Schmeichler gewinnt uns doch.
Einige Dankbarkeit empfinden wir immer für den,
der sich die Mühe gibt, uns angenehm zu belügen.

Marie von Ebner-Eschenbach

Selbstbetrug

Was manche Leute sich selber vormachen,
das macht ihnen so schnell keiner nach.

Gerd Uhlenbruck

Es ist gefährlich, anderen etwas vorzumachen; denn es endet damit, daß man sich selbst etwas vormacht.

Eleonora Duse

Selbstmitleid

Wer Freude am Klagen hat, wird immer was zum Klagen finden.

Jeremias Gotthelf

Streß

Streß – das sind die Handschellen, die man ums Herz trägt.

Helmut Qualtinger

Trägheit

Trägheit ist die Wurzel vieler abwegiger Ansichten.

Ezra Pound

Unfreundlichkeit

Wem das Lächeln fehlt, dem fehlt ein Flügel.

Truman Capote

Untreue

Der Mann tut durch Untreue seiner Frau ein Unrecht, die Frau, indem sie untreu ist, dem Mann einen Schimpf. Die Frau eines untreuen Mannes bedauert man; über den Mann einer untreuen Frau spottet man.

Franz Grillparzer

Untreue ist oft nichts als ein Mangel an Phantasie.

Hans Krailsheimer

Vorurteile

Es ist schwieriger, eine vorgefaßte Meinung zu zertrümmern als ein Atom.

Albert Einstein

Ein Urteil läßt sich widerlegen, aber niemals ein Vorurteil.

Marie von Ebner-Eschenbach

Ein gängiges Vorurteil ist der Glaube, man selbst sei frei von Vorurteilen.

Christian Götz

Brücken

Kompendium über Chancen für mehr Partnerschaft, Harmonie und Glück

Achtung

Ohne Achtung gibt es keine wahre Liebe.

Immanuel Kant

Es ist mehr wert, stets die Achtung der Menschen zu haben als gelegentlich ihre Bewunderung.

Jean-Jacques Rousseau

Aufrichtigkeit

Aufrichtigkeit ist wahrscheinlich die verwegenste Form der Tapferkeit.

William Somerset Maugham

Vollkommene Aufrichtigkeit ist der Weg zur Originalität.

Charles Baudelaire

Autorität

Das unfehlbare Mittel, Autorität über Menschen zu gewinnen, ist, sich ihnen nützlich zu machen.

Marie von Ebner-Eschenbach

Wer wirkliche Autorität besitzt, wird sich nicht scheuen, auch Fehler zuzugeben.

Bertrand Russell

Bescheidenheit

Bescheiden können nur die Menschen sein,
die genug Selbstbewußtsein haben.

Gabriel Laub

Statt zu klagen, daß wir nicht alles haben, was wir wollen, sollten wir lieber dankbar sein, daß wir nicht alles bekommen, was wir verdienen.

Dieter Hildebrandt

Distanz

In jeder Art von Liebe sollte auch immer ein wenig Trennung und Absonderung sein.

Rabindranath Tagore

Ihr Frauen – verschafft euch Muße und ein Zimmer für euch allein – lebt in der Gegenwart der Wirklichkeit ein erlebendes Leben.

Virginia Woolf

Man muß manchmal von einem Menschen fortgehen, um ihn zu finden.

Heimito von Doderer

Um etwas richtig zu beurteilen, muß man ein wenig Abstand davon nehmen, nachdem man es geliebt hat. Das gilt für Länder, für Lebewesen und für uns selbst.

André Gide

Erfahrungen

Erfahrungen – das sind die vernarbten Wunden unserer Dummheit.

John Osborne

Erfahrung ist der beste Lehrmeister, aber das Schulgeld ist hoch.

Thomas Carlyle

Es gibt keine unnützen Erfahrungen, nur ungenutzte.

Peter Tille

Fleiß

Arbeit, die tüchtige, intensive Arbeit, die einen ganz in Anspruch nimmt mit Hirn und Nerven, ist doch der größte Genuß im Leben.

Rosa Luxemburg

Gegen persönliche Krisen schützt man sich am besten durch einen vollen Terminkalender.

Henry Kissinger

Freude

Mache anderen Freude, und du wirst erfahren, daß Freude freut.

Theodor von Vischer

Fröhlichkeit

Du sollst scherzen und lachen mit deiner Frau und dadurch die teuflischen Gedanken verjagen und guter Laune sein.

Martin Luther

Frohsinn des Weibes fesselt den Mann länger als Schönheit.

Karl Julius Weber

Scherz ist der Page der Königin Freude –
und diese ist die Gemahlin des Königs Glück.

Bertha von Suttner

Geduld

Nichts Menschliches reift ohne die Tugend der Geduld.

Romano Guardini

Geduld ist die halbe Liebe schon, und manchmal denke ich, sie sei die ganze.

Otto Flake

Gelassenheit

Gelassenheit ist eine anmutige Form des Selbstbewußtseins.

Marie von Ebner-Eschenbach

Der Gelassene nützt seine Chancen besser als der Getriebene.

Thornton Wilder

Hoffnung

Die Hoffnung ist ein viel größeres Stimulans des Lebens als irgendein Glück.

Friedrich Nietzsche

Es kommt darauf an, das Hoffen zu lernen. Wenn wir zu hoffen aufhören, kommt, was wir befürchten, bestimmt.

Ernst Bloch

Es scheint wirklich dem Menschen nur eine Hoffnung gegeben, zwar nicht die Welt und die anderen, aber wenigstens sich selber einigermaßen ändern und bessern zu können; und auf denen, die das tun, beruht im geheimen das Heil der Welt.

Hermann Hesse

Die größten Menschen sind jene, die anderen Hoffnung geben können.

Jean Jaurès

Humor

Wer sich mit Humor wappnet, ist praktisch unverwundbar.

Ernst Penzoldt

Humor ist der Knopf, der verhindert, daß uns der Kragen platzt.

Joachim Ringelnatz

Mit Sinn für Humor ist es leichter, das Unpassende zu übersehen, das Unübliche zu verstehen, das Unangenehme zu tolerieren, mit dem Unerwarteten fertigzuwerden und das Unerträgliche zu überstehen.

Billy Graham

Humor ist der Versuch, sich selbst nicht ununterbrochen wichtig zu nehmen.

Ernst Kreuder

Kompromiß

Kompromiß, das ist die Kunst, einen Kuchen so zu teilen, daß jeder meint, er habe das größte Stück bekommen.

Ludwig Erhard

Ein Kompromiß ist ein Übereinkommen, bei dem man vorgibt, daß man nachgibt.

Willy Reichert

Konsequenz

Es ist nicht genug, zu wissen, man muß es auch anwenden. Es ist nicht genug, zu wollen, man muß es auch tun.

Johann Wolfgang von Goethe

Es gibt nichts Gutes, außer: man tut es.

Erich Kästner

Wie schön wäre die Welt, wenn jeder nur die Hälfte von dem täte, was er von anderen verlangt.

Curt Goetz

Lachen

Ein Tag ohne Lächeln ist ein verlorener Tag.

Charlie Chaplin

Lachen und Lächeln sind Tore und Pforten, durch die viel Gutes in den Menschen hineinhuschen kann.

Christian Morgenstern

Das richtige Lachen ist der Beginn des richtigen Denkens und Empfindens.

Carl Zuckmayer

Phantasie

Phantasie ist das eigentlich Schöpferische im Menschen, der Überfluß, der die Schönheit des Lebens ausmacht.

Walter Muschg

Phantasie ist wichtiger als Wissen.

Albert Einstein

Phantasie ist nur in der Gesellschaft des Verstandes erträglich.

Friedrich Hebbel

Die Liebe lebt von liebenswürdigen Kleinigkeiten.

Theodor Fontane

Die Phantasie des Mannes ist die beste Waffe der Frau.

Sophia Loren

Respekt

In jedermann ist etwas Kostbares, das in keinem anderen ist.

Martin Buber

Wer einen Menschen bessern will, muß ihn erst einmal respektieren.

Romano Guardini

Selbstachtung

Ein Mensch kann viel ertragen, wenn er sich selbst ertragen kann.

Axel Munthe

Unterlegen ist man im Leben erst dann, wenn man seine Selbstachtung definitiv verloren hat.

Marcel Proust

Niemand kann dich ohne dein Einverständnis dazu bringen, dich minderwertig zu fühlen.

Eleanor Roosevelt

Selbstbeherrschung

Niemand ist frei, der nicht selbst über sich Herr ist.

Matthias Claudius

Fahre nicht aus der Haut, wenn du kein Rückgrat hast.

Stanislaw Jerzy Lec

Selbstkritik

Nichts bewahrt uns so gründlich vor Illusionen wie ein Blick in den Spiegel.

Aldous Huxley

Schwachheiten schaden uns nicht mehr, sobald wir sie erkennen.

Georg Christoph Lichtenberg

In dem Maße, wie der Wille und die Fähigkeit zur Selbstkritik steigen, hebt sich auch das Niveau der Kritik am anderen.

Christian Morgenstern

Selbstvertrauen

Wenn es einen Glauben gibt, der Berge versetzen kann, so ist es der Glaube an die eigene Kraft.

Marie von Ebner-Eschenbach

Wer einmal sich selbst gefunden hat, der kann nichts auf dieser Welt mehr verlieren.

Stefan Zweig

Man muß in das Gelingen verliebt sein, nicht in das Scheitern.

Ernst Bloch

Toleranz

Um einen Schmetterling lieben zu können, müssen wir auch ein paar Raupen mögen.

Antoine de Saint-Exupéry

Mir sind die liebevollen Fehler angenehmer als die unausstehlichen Tugenden.

Winston Churchill

Ich habe die Erfahrung gemacht, daß Leute, die keine Schwächen haben, auch keine Tugenden haben.

Abraham Lincoln

Wenn der eine sich mit allen seinen Fehlern, die er noch besser kennt als ich, erträgt, warum sollte ich ihn nicht ertragen?

Jean Paul

Wer mit mir reden will, der darf nicht bloß seine eigene Meinung hören wollen.

Wilhelm Raabe

Man kann eine andere Meinung ertragen – oder sich darüber freuen. So unterscheidet sich passive Duldung von aktiver Toleranz.

Christian Götz

Treue

Treue üben ist Tugend. Treue erfahren ist Glück.

Marie von Ebner-Eschenbach

Menschen, die sich ewige Treue versprechen, sind meist kindisch. Wenn sich zwei Menschen kennenlernen, heiraten und sehr jung sind, dann kann ich nur hoffen, daß sie sich gegenseitig nicht immer treu sind.

Marcel Reich-Ranicki

Eben weil Treue die schönste Eigenschaft eines liebenden Herzens, ein echtes Wunder ist, kann sie nie zur Pflicht gemacht werden; und eben weil sie nicht Pflicht ist, ist sie da, wo sie in ihrer Herrlichkeit erscheint, so verehrungswürdig.

Ernst von Feuchtersleben

Eheliche Treue ohne Liebe ist offenbar naturwidrig.

Stendhal

Verantwortung

Verantwortlich ist man nicht nur für das, was man tut, sondern auch für das, was man nicht tut.

Laotse

Vernunft

Die beste aller Geisteshaltungen: heitere Vernünftigkeit.

Bertha von Suttner

Vernunft annehmen kann niemand, der nicht schon welche hat.

Marie von Ebner-Eschenbach

Vernunft muß sich jeder selbst erwerben,
nur die Dummheit pflanzt sich gratis fort.

Erich Kästner

Verständnis

Man kann nicht alles verstehen. Deshalb muß man aber nicht alles ablehnen, was man nicht versteht.

Christian Götz

Nur der Mensch, der sich verstanden fühlt, ist bereit, sich verstehen und führen zu lassen.

Emil Oesch

Wenn man zu verstehen gelernt hat,
fürchtet man nicht mehr.

Marie Curie

Vertrauen

Nichts kann den Menschen mehr stärken als das Vertrauen, das man ihm entgegenbringt.

Adolf von Harnack

Die Menschen werden besser, wenn man Besseres von ihnen erwartet und wenn man mit ihnen umgeht, als seien sie besser.

Karl Jaspers

Vorbilder

In dir muß brennen, was du in anderen entzünden willst.

Aurelius Augustinus

Gute Werke vertreiben die bösen.

Koran

Lebenskunst

Einsichten und Erkenntnisse

Wer das Leben nicht liebt, verdient es nicht.

Leonardo da Vinci

Leben – das ist das Allerseltenste in der Welt;
die meisten Menschen existieren nur.

Oscar Wilde

Das Leben ist nie etwas, es ist nur die Gelegenheit zu etwas.

Friedrich Hebbel

Das Leben ist kurz, und seine Zeit zu verlieren, ist eine Sünde.

Albert Camus

Das Leben ist ein verlorenes Gut, wenn man nicht gelebt hat, wie man hätte leben wollen.

Mihai Eminescu

Lebe, wie du, wenn du stirbst, wünschen wirst, gelebt zu haben.

Christian Fürchtegott Gellert

Viele Menschen versäumen das kleine Glück, weil sie auf das große vergeblich warten.

Pearl S. Buck

Positiv denken

Nimmst du das Böse, das jeder Tag dir bringt, in dich hinein, verdorrst du. Wenn du aber das Gute zu sehen dich bemühst, kannst du eines Tages blühen.

Chassidische Weisheit

Das Leben besteht aus vielen kleinen Münzen,
und wer sie aufzuheben weiß, hat ein Vermögen.

Jean Anouilh

Das Leben ist bezaubernd; man muß es nur durch die richtige Brille sehen.

Alexandre Dumas d. J.

Das Leben ist köstlich; man muß nur den Mut haben, sein eigenes Leben zu führen.

Peter Rosegger

Man müßte das Leben so einrichten, daß jeder Augenblick bedeutungsvoll ist.

Iwan Turgenjew

Unverzichtbare Eigenleistungen

Wir verlangen, das Leben müsse einen Sinn haben – aber es hat nur ganz genau so viel Sinn, als wir selber ihm zu geben imstande sind.

Hermann Hesse

Lebensklugheit bedeutet: alle Dinge möglichst wichtig, aber keines völlig ernst zu nehmen.

Arthur Schnitzler

Dein tägliches Quantum Sonnenschein mußt du dir täglich selbst verdienen.

Hermann Sudermann

Fang jetzt an zu leben, und zähle jeden Tag als ein Leben für sich.

Seneca

Tips von Lebenskünstlern

Für den Optimisten ist das Leben kein Problem, sondern bereits die Lösung.

Marcel Pagnol

Die wahren Lebenskünstler sind bereits glücklich, wenn sie nicht unglücklich sind.

Jean Anouilh

Drum lebe mäßig, denke klug. Wer nichts gebraucht, der hat genug.

Wilhelm Busch

Man sollte alle Tage wenigstens ein kleines Lied hören, ein gutes Gedicht lesen, ein treffliches Gemälde sehen und, wenn es möglich zu machen wäre, einige vernünftige Worte sprechen.

Johann Wolfgang von Goethe

Genieß die Gegenwart mit frohem Sinn, sorglos, was dir die Zukunft bringen werde. Doch nimm auch bittern Kelch mit Lächeln hin – vollkommen ist kein Glück auf dieser Erde.

Horaz

Kleinigkeiten machen die Summe des Lebens aus.

Charles Dickens

Streitkultur

Streit ist notwendig

In der Liebe gibt es zwei Übel: Krieg und Frieden.

Horaz

Der Zank ist das Band vieler bürgerlicher Ehen.

Stendhal

Eine Ehe ohne Würze kleiner Mißhelligkeiten wäre fast so was wie ein Gedicht ohne Reim.

Georg Christoph Lichtenberg

Im Ehestand muß man sich manchmal streiten; denn so erfährt man etwas voneinander.

Johann Wolfgang von Goethe

Krise kann ein produktiver Zustand sein. Man muß ihr nur den Beigeschmack der Katastrophe nehmen.

Max Frisch

Nicht jene, die streiten, sind zu fürchten, sondern jene, die ausweichen.

Marie von Ebner-Eschenbach

Prüfstein der Lebensart eines Mannes oder eines Weibes ist ihr Verhalten im Streit; denn jeder kann sich anständig benehmen, solange die Dinge ihren glatten Weg laufen.

George Bernard Shaw

Das Miteinanderauskommen ist die eigentliche Aufgabe des Lebens. Gerade hier wird wirklich gekämpft und gerungen, oft lange, zäh, unendlich mühsam, ehe man einen Schritt weitergekommen ist.

Dietrich Bonhoeffer

Streitursachen

Alle unsere Streitigkeiten entstehen daraus, daß einer dem anderen seine Ansichten aufzwingen will.

Mahatma Gandhi

Vermutlich will die Frau ihr eigenes Leben leben und der Mann das seine. Und jeder versucht, den anderen in die verkehrte Richtung zu ziehen.

George Bernard Shaw

Die meisten Ehekriege kommen nicht davon, daß man die Wahrheit sagt, sondern daß man sie, unbekümmert um die Zeit, sogleich sagt.

Jean Paul

Vorwürfe sind selten der Liebe dienlich.

Claude-Henri Saint-Simon

Von einem Ausgleiten des Fußes wirst du dich schnell erholen; ein Ausgleiten der Zunge wirst du nie überwinden.

Benjamin Franklin

Taktlosigkeit ist der lästigste und widerwärtigste der menschlichen Fehler; denn du kannst dich nicht verteidigen, nicht einmal durch Grobheit.

Anselm Feuerbach

Man braucht zwei Jahre, um sprechen zu lernen, fünfzig, um schweigen zu lernen.

Ernest Hemingway

Die Menschen, die sich rühmen, ihre Ansicht niemals zu wechseln, sind Toren, die an ihre Unfehlbarkeit glauben.

Honoré de Balzac

Entrüstung ist ein Zustand der Seele, der meist dann eintritt, wenn man erwischt wird.

Wilhelm Busch

Je höher die Rechthaberei in einem Menschen steigt, desto seltener hat er recht; das heißt, desto seltener stimmen seine Aussagen und Behauptungen mit der Wahrheit überein.

Johann Heinrich Pestalozzi

Das Recht des Stärkeren ist das stärkste Unrecht.

Marie von Ebner-Eschenbach

Es gibt drei Dinge, die eine Frau aus einem Nichts hervorzaubern kann: einen Hut, einen Salat und einen Ehekrach.

Mark Twain

Sackgassen

– was den Streit anheizt

Sprachlosigkeit

Eine Diskussion ist unmöglich mit jemand, der vorgibt, die Wahrheit nicht zu suchen, sondern schon zu besitzen.

Romain Rolland

Man sollte nie mit jemandem disputieren, der sich nicht auf dem gleichen Niveau mit einem befindet. Wie kann man mit einem fechten, dem man das Fechten selbst erst beibringen, ja das Schwert erst schmieden soll?

Friedrich Hebbel

Zwei Selbstgespräche ergeben keinen Dialog.

Christian Götz

Wer immer das letzte Wort haben will, spricht bald mit sich allein.

Bretonisches Sprichwort

Fehleinschätzung

Man hat einen Menschen noch lange nicht bekehrt, wenn man ihn zum Schweigen gebracht hat.

Christopher Morley

Man kann Schuld nicht aufrechnen. Im Unrecht gilt der Gleichheitsgrundsatz nicht.

Roman Herzog

Alkohol

Sorgen ertrinken nicht in Alkohol;
sie können schwimmen

Heinz Rühmann

Beleidigungen

Beleidigungen sind die Argumente jener, die über keine Argumente verfügen.

Jean-Jacques Rousseau

Fanatismus

Ein Fanatiker ist ein Mensch, der seine Ansicht nicht ändern kann und der das Thema nicht wechseln will.

Winston Churchill

Fanatismus findet sich nur bei solchen, die einen inneren Zweifel zu übertönen suchen.

Carl Gustav Jung

Ignoranz

Tatsachen schafft man nicht dadurch aus der Welt, daß man sie ignoriert.

Aldous Huxley

Starrsinn

Nur der Starrsinn braucht keine Argumente.

Robert Muthmann

Phrasendrescherei

In leeren Köpfen finden Phrasen stärkeren Widerhall.

Zarko Petan

Rechthaberei

Wir sind alle so borniert, daß wir immer glauben, recht zu haben.

Johann Wolfgang von Goethe

Wer keine Kritik verträgt, hat sie bitter nötig.

Lothar Schmidt

Wenn man nicht verlieren kann, verdient man auch nicht, zu gewinnen.

Edward Kennedy

Friedensstifter

– was die Wogen glättet

Dialogfähigkeit

Wir sollten nicht aufeinander losgehen,
sondern aufeinander zugehen.

Christian Götz

Nicht Sieg sollte der Zweck der Diskussion sein,
sondern Gewinn.

Joseph Joubert

Das echte Gespräch bedeutet: aus dem Ich heraustreten
und an die Türe des Du klopfen.

Albert Camus

Eine richtige Antwort ist wie ein lieber Kuß.

Johann Wolfgang von Goethe

Ehrlichkeit

Wer dir die Wahrheit verschweigt, ist nicht dein Freund.

Afrikanisches Sprichwort

Wenn du die Wahrheit sagst, gibt es nichts, was du
im Kopf behalten müßtest.

Mark Twain

Besonnenheit

Man muß wissen, wie weit man zu zweit gehen kann.

Jean Cocteau

Gebrauche nie ein hartes Wort, wo ein glimpfliches seine Dienste tut.

Johann Peter Hebel

Disziplin

Wenn du im Recht bist, kannst du dir leisten, die Ruhe zu bewahren, und wenn du im Unrecht bist, kannst du dir nicht leisten, sie zu verlieren.

Mahatma Gandhi

Wer seinen Willen durchsetzen will, muß leise sprechen.

Jean Giraudoux

Wer lächelt, statt zu toben, ist immer der Stärkere.

Japanisches Sprichwort

Schweigen

Schlechte Argumente bekämpft man am besten, indem man ihre Darlegungen nicht stört.

Alec Guinness

Schweigen ist eines der am schwierigsten zu widerlegenden Argumente.

Josh Billings

Höflichkeit

Höflichkeit ist Klugheit, folglich ist Unhöflichkeit Dummheit.

Arthur Schopenhauer

Stil

Stil ist richtiges Weglassen des Unwesentlichen.

Anselm Feuerbach

Takt

Takt ist Verstand des Herzens.

Karl Gutzkow

Takt ist die Fähigkeit, andere so darzustellen, wie sie sich selbst gern sehen.

Abraham Lincoln

Takt ist die Kunst des richtigen Weghörens.

Viktor de Kowa

Erinnerungen

Gemeinsame Erinnerungen sind manchmal die besten Friedensstifter.

Marcel Proust

Lob

Auf die Dauer ist es besser, zu loben als herabzusetzen. Die Streitbaren zerstören dabei manchmal sich selber und werden zu Umstrittenen.

Jean Améry

Verzeihen

Verzeihen ist keine Narrheit; nur der Narr kann nicht verzeihen.

Chinesisches Sprichwort

Der Mensch ist nie so schön, als wenn er um Verzeihung bittet oder selbst verzeiht.

Jean Paul

Anhang

Quellenverzeichnis

Bettina von Arnim: »Worte wie Flügel«. Herausgegeben und eingeleitet von Antje Burkhardt, Verlag Herder, Freiburg im Breisgau 1993, 128 Seiten.

August Bebel: »Die Frau und der Sozialismus«, 1883.

Cheryl Benard und Edit Schlaffer: »Ohne uns seid ihr nichts« – Was Frauen für Männer bedeuten. Wilhelm Heyne Verlag, München 1992, 238 Seiten.

Margareta Bloom: »Scheidung – das war ein ganz böses Wort« – Wie sich das Frauenbild in vierzig Jahren gewandelt hat. »Frankfurter Rundschau« vom 4. 5. 1996.

Fidel Castro: Das Zitat stammt aus einem Brief, den Castro als 26jähriger aus dem Gefängnis an seine damalige Geliebte Naty Revuelta schrieb. Lt. »Frankfurter Rundschau« vom 24. 2. 1997.

Jürgen Christen: »Vergiß die Peitsche nicht« – Frauenfeindliche Sprüche. Eichborn Verlag, Frankfurt a. M. 1991, 71 Seiten.

DUDEN – Band 12: »Zitate und Aussprüche«. Bibliographisches Institut und F. A. Brockhaus AG, Mannheim 1993, 827 Seiten.

Marie von Ebner-Eschenbach: »Wer den Augenblick beherrscht, beherrscht das Leben« – Aphorismen. Verlag Wilhelm Ennsthaler, Steyr 1971, 67 Seiten.

Nancy Fraser: »Es geht nicht darum, Frauen zu Männern zu machen« – Über Chancengleichheit im Zeitalter politischer Nullsummenspiele. »Frankfurter Rundschau« vom 9. 2. 1998.

Erich Fromm: »Die Kunst des Liebens«. Ullstein Verlag, Berlin.

Elke Gerr: »4000 Sprichwörter und Zitate«. Humboldt-Taschenbuchverlag Jacobi KG, München 1989, 319 Seiten.

Goethe-Zitate – Lexikon. Herausgegeben von Richard Dobel, Weltbild Verlag GmbH, Augsburg 1991, 1307 Seiten.

Lutz Görner: »Droste für alle« – Ein Lesebuch. Tournee-Ausgabe, Köln 1997, 189 Seiten.

Christian Götz: »Die Rebellin: Bertha von Suttner« – Botschaften für unsere Zeit. Klein und Blechinger Verlag, Elsdorf 1996, 222 Seiten.

Heinrich Grün: »Sex ist gut fürs Denken« – Der schmutzige Zitatenschatz. Eichborn Verlag, Frankfurt a. M. 1995.

Friedrich Hebbel: »Läuse der Vernunft« – Aphorismen, Auswahl und Nachwort von Jens Sparschuh, Bund-Verlag, Köln, 73 Seiten.

Heinrich Heine: »Mit scharfer Zunge« – 999 Aperçus und Bonmots. Ausgewählt von Jan-Christoph Hauschild, Deutscher Taschenbuch Verlag, München 1997, 199 Seiten.

Hermann Hesse: »Lektüre für Minuten« – Gedanken aus seinen Büchern und Briefen. Auswahl und Nachwort von Volker Michels, Büchergilde Gutenberg, Frankfurt a. M. 1977, 297 Seiten.

Johannes John: »Das Zitaten-Lexikon«. Verlag Philipp Reclam jun., Stuttgart 1992, 581 Seiten.

Christiane Jürgen: »Männer sind wie Zwiebeln« – Männerfeindliche Sprüche. Eichborn Verlag, Frankfurt a. M. 1991, 71 Seiten.

Kursbuch Männer. Rowohlt Verlag, Berlin März 1997, 178 Seiten.

Stanislaw Jerzy Lec: »Alle unfrisierten Gedanken«. Herausgegeben und übersetzt von Karl Dedecius, Büchergilde Gutenberg, Frankfurt a. M., 315 Seiten.

Georg Christoph Lichtenberg: »Gedankenbücher«. Herausgegeben von Franz H. Mautner, Fischer Bücherei KG, Frankfurt a.M. und Hamburg 1963, 288 Seiten.

Martin Luther: »Auf deutsch gesagt«. Auswahl und Nachwort von Hans Arnold, Bertelsmann (»Die kleinen Begleiter«), 127 Seiten.

MannsBilder – Von Frauen. Herausgegeben von Ulrike Buergel-Goodwin, Deutscher Taschenbuch Verlag, München 1993, 381 Seiten.

MannsBilder – Von Männern. Herausgegeben von Lutz-W. Wolff, Deutscher Taschenbuch Verlag, München 1993, 487 Seiten.

Karl Marx: Das Zitat stammt aus einem Brief an Friedrich Engels vom 1. 3. 1882.

»Mit fremden Zungen reden« – Zitatensammlung zum Geschlechterverhältnis zwischen Frau und Mann. Herausgegeben vom Frauenbüro und Presseamt der Stadt Düsseldorf, Ausgabe 1995, 47 Seiten.

Friedrich Nietzsche: »Nach neuen Meeren« – Verse, Sprüche und Aphorismen. Auswahl von Heinz Pukmus, Bertelsmann (»Die kleinen Begleiter«), 125 Seiten.

Novalis: »Aphorismen«. Herausgegeben von Michael Brucker, Insel Verlag, Frankfurt a. M. und Leipzig 1992, 169 Seiten.

Willy Reichert: »Mir reicht's« – Randbemerkungen eines Viertel-Philosophen. Krumm-Verlag, Offenbach.

Andreas Reichstein: »Gender und Sex« – Geschlechterfrage, Mythen, Arbeitswelt. Zeitschrift »Sozialismus« (Hamburg) 10/97.

Marcel Reich-Ranicki: Das Zitat stammt aus einem Interview mit der »Bild«-Zeitung vom 2. 3. 1994.

Brigitta Roth: »Die Frau in Zitaten der Welt« – Das große Handbuch, mit einem Vorwort von Dr. Eberhard Puntsch. Bechtle Verlag, Esslingen und München 1995, 524 Seiten.

Lothar Schmidt: »Worte sind Waffen« – Aphorismen zur Gegenwart. Verlag der »Frankfurter Allgemeinen Zeitung«, Frankfurt a. M. 1992, 95 Seiten.

Arthur Schopenhauer: »So ist die Welt« – Gedanken und Aphorismen. Auswahl und Nachwort von Werner Grau, Bertelsmann (»Die kleinen Begleiter«), 127 Seiten.

Alice Schwarzer: »Der ›kleine Unterschied‹ und seine großen Folgen«. Fischer Taschenbuch Verlag GmbH, Frankfurt a. M. 1977, 250 Seiten.

Spiegel-special: »Der deutsche Mann«. Spiegel-Verlag, Hamburg 7/1997, 150 Seiten.

Stendhal: »Über die Liebe«. Deutsch von Arthur Schurig, Auswahl von Ilse Holzapfel und Heinz Puknus, Bertelsmann (»Die kleinen Begleiter«), 127 Seiten.

Ernst Günther Tange: »Zitatenschatz der Liebe«. Eichborn Verlag, Frankfurt a. M. 1993, 389 Seiten.

Kurt Tucholsky: »Gesammelte Werke«. Herausgegeben von Mary Gerold-Tucholsky und Fritz J. Raddatz, Büchergilde Gutenberg, Frankfurt a. M., 3 Bände, rund 4000 Seiten.

Georg von Turnitz: »Immerwährender Kalender für Literaturfreunde« – Neff-Brevier. Paul Neff Verlag KG, Wien 1989, 215 Seiten.

»Wasser auf den Wurzeln des Lebens« – Tausend Weisheiten aus fünf Jahrtausenden. Gesammelt von Bernhard Pollak, Ausgabe für den Bertelsmann Club GmbH, Gütersloh 1986, 204 Seiten.

»Das Weiberlexikon«. Herausgegeben von Florence Hervé, Elly Steinmann und Renate Wurms, PapyRossa Verlags GmbH, Köln 1995.

Richard Zoozmann: »Zitatenschatz der Weltliteratur«. Lingen Verlag, Köln 1984, 415 Seiten.

Autorenverzeichnis

A

Allen, Woody, geb. 1935, amerik. Filmregisseur und Schauspieler

Allende, Isabel, geb. 1942, chilen. Schriftstellerin

Améry, Jean, eigentlich Hans Mayer, 1912–1978, österr. Schriftsteller u. Publizist

Anouilh, Jean, 1910–1987, franz. Dramatiker

Aquin, Thomas von, 1224 oder 1225–1274, bedeutender Theologe und Philosoph des Mittelalters

Aragon, Louis, 1897–1982, franz. Schriftsteller

Arendt, Hannah, 1906–1975, amerik. Gesellschafts- und Politikwissenschaftlerin deutscher Herkunft

Aretino, Pietro, 1492–1556, ital. Schriftsteller

Aristoteles, 384–322 v. Chr., griech. Philosoph

Arnim, Bettina von, 1785–1859, dt. Dichterin

Augustinus, Aurelius, 354–430, Bischof u. Kirchenlehrer

B

Bachmann, Ingeborg, 1926–1973, österr. Schriftstellerin

Bacon, Francis, 1561–1626, engl. Staatsmann und Philosoph

Balzac, Honoré de, 1799–1850, franz. Dichter

Bardot, Brigitte, geb. 1934, franz. Filmschauspielerin, Sexsymbol der 60er Jahre

Baudelaire, Charles, 1821–1867, franz. Dichter u. Kritiker

Beauvoir, Simone de, 1908–1986, franz. Schriftstellerin, Theoretikerin u. Vorkämpferin der Frauenbewegung

Belmondo, Jean-Paul, geb. 1933, franz. Filmschauspieler

Benn, Gottfried, 1886–1956, dt. Dichter

Bierce, Ambrose (Gwinnet), 1842, 1914 in Mexiko verschollen, amerik. Satiriker u. Journalist

Billings, Josh, 1918–1977, amerik. Schriftsteller, Aphoristiker

Bloch, Ernst, 1885–1977, dt. Philosoph

Bonhoeffer, Dietrich, 1906–1945, dt. ev. Theologe, Widerstandskämpfer gegen die NS-Diktatur

Börne, Ludwig (früher Löb Baruch), 1786–1837, dt. Schriftsteller

Bornemann, Ernest, 1915–1995, österr. Kulturwissenschaftler u. Sexualforscher

Brecht, Bertolt (Bert), 1898–1956, dt. Schriftsteller u. Dramaturg

Buber, Martin, 1878–1965, jüdischer Religionsphilosoph u. Sozialphilosoph

Buck, Pearl S., 1892–1973, amerik. Schriftstellerin, Nobelpreis für Literatur 1938

Busch, Wilhelm, 1832–1908, dt. Zeichner, Maler u. Dichter

C

Camus, Albert, 1913–1960, franz. Schriftsteller und Philosoph, Nobelpreis für Literatur 1957

Capote, Truman, 1924–1984, amerik. Schriftsteller

Cardinale, Claudia, geb. 1939, ital. Filmschauspielerin

Carlyle, Thomas, 1795–1881, schottischer Historiker, Philosoph u. Essayist

Casanova, Giacomo Girolamo, 1725–1798, ital. Abenteurer u. Schriftsteller

Castro Ruz, Fidel, geb. 1927, kubanischer Revolutionsführer u. Politiker

Cato der Ältere, 234–149 v. Chr., röm. Staatsmann u. Schriftsteller

Cervantes (Saavedra), Miguel de, 1547–1616, span. Dichter

Chamfort, Nicolas de, 1741–1794, franz. Schriftsteller u. Moralist

Chamisso, Adelbert von, 1781–1838, dt. Dichter u. Naturforscher

Chanel, Coco, 1883–1971, franz. Modeschöpferin

Chaplin, Charlie, 1899–1977, engl. Filmkomiker, Autor, Regisseur u. Produzent

Chateaubriand, Francois René Vicomte de, 1768–1848, franz. Schriftsteller u. Politiker

Chesterton, Gilbert Keith, 1874–1936, engl. Schriftsteller

Chevalier, Maurice, 1888–1972, franz. Chansonsänger

Churchill, Sir Winston, 1874–1965, engl. Politiker u. Staatsmann, Maler u. Schriftsteller, Nobelpreis für Literatur 1953

Clairvaux, Bernhard von, gründete 1115 in Frankreich das berühmte Zisterzienserkloster

Claudius, Matthias, 1740–1815, dt. Dichter

Cocteau, Jean, 1889–1963, franz. Dichter, Komponist, Maler u. Filmregisseur

Comfort, Alexander, geb. 1920, engl. Schriftsteller u. Arzt

Curie, Marie, 1867–1934, franz. Chemikerin u. Physikerin poln. Herkunft, Nobelpreis für Physik 1903 und für Chemie 1911

D

Davis, Bette, 1908–1989, amerik. Filmschauspielerin

Day, Doris, geb. 1924, amerik. Filmschauspielerin u. Sängerin

De Kowa, Victor, 1904–1973, dt. Film- u. Bühnen-schaupieler

Demosthenes, 384–322 v. Chr., griech. Redner und Staatsmann

Deneuve, Cathérine, geb. 1943, franz. Filmschauspielerin

Dickens, Charles, 1812–1870, engl. Schriftsteller, Begründer des »sozialen Romans«

Doderer, Heimito von, 1896–1966, österr. Schriftsteller

Dumas, Alexandre d.J., 1824–1895, franz. Schriftsteller

Dürer, Albert, 1471–1528, dt. Maler, Graphiker, Zeichner u. Kunstschriftsteller

Duse, Eleonora, 1858–1924, ital. Schauspielerin

E

Ebner-Eschenbach, Marie von, 1830–1916, österr. Aphoristikerin u. Erzählerin

Eibl-Eibesfeldt, Irenäus, geb. 1928, österr. Verhaltensforscher

Einstein, Albert, 1879–1955, dt. Physiker, Nobelpreis für Physik 1921

Eliot, Thomas Stearns (T.S.), 1888–1965, amerik.-engl. Dichter u. Kritiker, Nobelpreis für Literatur 1948

Emerson, Ralph Waldo, 1803–1882, amerik. Dichter u. Philosoph

Eminescu, Mihai, 1850–1889, rumänischer Dichter

Engels, Friedrich, 1820–1895, dt. Philosoph u. Politiker

Erhard, Ludwig, 1897–1977, dt. Politiker, Wirtschaftsminister u. Bundeskanzler (1963–1966)

Euripides, um 480 v. Chr., griech. Tragödiendichter

F

Fellini, Federico, 1920–1993, ital. Filmregisseur

Fénelon, François, 1651–1715, franz. Theologe, Erzieher u. Schriftsteller

Feuchtersleben, Ernst Freiherr von, 1806–1849, österr. Arzt u. Schriftsteller

Feuerbach, Anselm, 1829–1880, dt. Maler

Feuerbach, Ludwig, 1804–1872, dt. Philosoph

Fitz, Lisa, geb. 1951, dt. Kabarettistin u. Schauspielerin

Flake, Otto, 1880–1963, dt. Schriftsteller

Flaubert, Gustave, 1821–1880, franz. Dichter

Fontane, Theodor, 1819–1898, dt. Schriftsteller u. Kritiker

Ford, Henry I., 1863–1947, amerik. Automobilproduzent

Fourier, Charles, 1772–1837, franz. Sozialphilosoph u. utopischer Sozialist

France, Anatol, 1844–1924, franz. Dichter, Nobelpreis für Literatur 1921

Franklin, Benjamin, 1706–1790, amerik. Philosoph u. Staatsmann

French, Marilyn, geb. 1929, amerik. Schriftstellerin, Frauenrechtlerin

Freud, Sigmund, 1856–1939, österr. Arzt u. Psychologe, Begründer der Psychoanalyse

Frisch, Max, 1911–1991, schweiz. Schriftsteller

Fromm, Erich, 1900–1980, deutsch-amerik. Psychoanalytiker u. Schriftsteller

G

Gabin, Jean, 1904–1976, franz. Filmschauspieler

Gabor, Zsa Zsa, geb. 1919, ungarisch-amerik. Schauspielerin

Gandhi, Mahatma, 1869–1948, Führer der indischen Unabhängigkeitsbewegung, Verfechter der Gewaltlosigkeit

García Márquez, Gabriel, geb. 1928, kolumbianischer Schriftsteller, Nobelpreis für Literatur 1982

Gellert, Christian Fürchtegott, 1715–1769, dt. Schriftsteller

Genet, Jean, 1910–1986, franz. Schriftsteller

Gide, André, 1869–1951, franz. Schriftsteller u. Lyriker, Nobelpreis für Literatur 1947

Giraudoux, Jean, 1882–1944, franz. Schriftsteller u. Essayist

Goethe, Johann Wolfgang von, 1749–1832, dt. Dichter

Goetz, Curt, 1888–1960, dt. Schauspieler u. Bühnenautor

Gollwitzer, Helmut, 1908–1993, dt. ev. Theologe, Pazifist

Gotthelf, Jeremias, 1797–1854, schweiz. Erzähler

Götz, Christian, geb. 1940, dt. Publizist u. Buchautor

Grabbe, Christian Dietrich, 1801–1836, dt. Schriftsteller u. Dramatiker

Graff, Sigmund, 1898–1979, dt. Aphoristiker u. Bühnenautor

Graham, Billy, geb. 1918, amerik. baptistischer Erweckungsprediger

Greene, Graham, 1904–1991, engl. Schriftsteller

Grillparzer, Franz, 1791–1872, österr. Dichter

Guardini, Romano, 1885–1968, katholischer Theologe u. Religionsphilosoph ital. Herkunft

Guinness, Alec (Sir), geb. 1914, engl. Filmschauspieler

Guitry, Sacha, 1885–1957, franz. Schriftsteller, Schauspieler u. Filmregisseur

Gutzkow, Karl, 1811–1878, dt. Schriftsteller

H

Harnack, Adolf von, 1851–1930, dt. ev. Theologe

Hassenkamp, Oliver, 1921–1988, dt. Schriftsteller

Hauptmann, Gerhart, 1862–1946, dt. Dichter u. Dramatiker, Nobelpreis für Literatur 1912

Hausmann, Manfred, 1898–1986, dt. Schriftsteller

Hebbel, Friedrich, 1813–1863, dt. Dichter

Hebel, Johann Peter, 1760–1826, dt. Dichter

Heine, Heinrich, 1797, nach eigenen Angaben 1799–1856, dt. Dichter u. Publizist

Hemingway, Ernest, 1899–1961, amerik. Schriftsteller, Nobelpreis für Literatur 1954

Herzog, Roman, geb. 1934, Staatsrechtslehrer u. Politiker, seit 1994 dt. Bundespräsident

Hesse, Herman, 1877–1962, dt. Schriftsteller (seit 1923 schweiz. Staatsbürger), Nobelpreis für Literatur

Heyse, Paul von, 1830–1914, dt. Schriftsteller, Nobelpreis für Literatur 1910

Hildebrandt, Dieter, geb. 1927, dt. Kabarettist u. Publizist

Hildesheimer, Wolfgang, 1916–1991, dt. Schriftsteller

Hofmannsthal, Hugo von, 1874–1929, österr. Dichter

Horaz, 65–8 v. Chr., röm. Dichter

Huch, Ricarda, 1864–1947, dt. Dichterin

Huxley, Aldous, 1894–1963, engl. Schriftsteller

I

Ibsen, Henrik, 1828–1906, norw. Schriftsteller u. Dramatiker

J

Jaspers, Karl, 1883–1969, dt. Philosoph

Jaurès, Jean, 1859–1914, franz. Sozialist, gründete 1904 die Zeitung »L'Humanité«

Joubert, Joseph, 1754–1834, franz. Moralist

Jung, Carl Gustav, 1875–1961, schweiz. Psychoanalytiker

K

Kant, Immanuel, 1724–1804, dt. Philosoph

Kästner, Erich, 1899–1974, dt. Schriftsteller, Satiriker, Drehbuchautor

Kennedy, Edward, geb. 1932, amerik. Politiker

Kerr, Alfred, 1867–1948, dt. Schriftsteller u. Theaterkritiker

Keun, Irmgard, 1910–1982, dt. Schriftstellerin

Keyserling, Eduard Graf von, 1855–1918, dt. Schriftsteller

Kierkegaard, Sören, 1813–1855, dän. Religionsphilosoph

Kissinger, Henry, geb. 1923, amerik. Politiker, Friedensnobelpreis 1973

Knef, Hildegard, geb. 1925, dt. Schauspielerin, Chansonsängerin, Autorin

Konfuzius, 551–479 v. Chr., chines. Philosoph

Koran, das »Heilige Buch« des Islam

Kotzebue, August von, 1761–1819, dt. Dramatiker

Krailsheimer, Hans, 1888–1958, dt. Aphoristiker

Kraus, Karl, 1874–1936, österr. Schriftsteller, Aphoristiker, Kritiker u. Journalist (»Die Fackel«)

Kreuder, Ernst, 1903–1972, dt. Schriftsteller

L

La Bruyére, Jean de, 1645–1696, franz. Schriftsteller

Laote, Lao-tse, vermutlich 480–390 v. Chr., chines. Philosoph

La Rochefoucauld, Francois VI., Herzog von, 1613–1680, franz. Schriftsteller u. Moralist

Laub, Gabriel, 1928–1988, Satiriker u. Aphoristiker tschechischer Herkunft

Laurien, Hanna-Renate, geb. 1928, dt. Politikerin

Lec, Stanislaw Jerzy, 1909–1966, polnischer Aphoristiker

Le Fort, Gertrud Freiin von, 1876–1971, dt. Schriftstellerin

Lenclos, Ninon de, 1620–1705, franz. Kurtisane, berühmt wegen ihrer Schönheit u. Bildung

Lessing, Gotthold Ephraim, 1729–1781, dt. Schriftsteller u. Kritiker

Lichtenberg, Georg Christoph, 1742–1799, dt. Physiker, Schriftsteller u. Aphoristiker

Liebknecht, Karl, 1871–1919, dt. Sozialist u. Politiker

Lincoln, Abraham, 1809–1865, amerik. Präsident

Lippmann, Walter, 1889–1974, amerik. Journalist

Löns, Hermann, 1866–1914, dt. Heimatdichter

Loren, Sophia, geb. 1934, ital. Filmschauspielerin

Lorentz, Lore, 1922–1994, dt. Kabarettistin u. Chansonniere (Das Kom(m)ödchen)

Luther, Martin, 1483–1546, dt. Reformator

Luxemburg, Rosa, 1870–1919, dt. Sozialistin u. Politikerin

M

Magnani, Anna, 1908–1973, ital. Bühnen- u. Filmschauspielerin

Malraux, André, 1901–1976, franz. Politiker u. Schriftsteller

Mann, Thomas, 1875–1955, dt. Dichter, Nobelpreis für Literatur 1929

Marcuse, Herbert, 1898–1979, amerik. Philosoph dt. Herkunft

Mark Aurel, 121–180, röm. Kaiser

Marx, Karl, 1818–1883, dt. Philosoph, Begründer des wissenschaftlichen Sozialismus

Maugham, William Somerset, 1874–1965, engl. Dichter

Mauriac, François, 1885–1970, franz. Schriftsteller, Nobelpreis für Literatur 1952

Maurier, Daphne du, 1907–1989, engl. Schriftstellerin

Maurois, André, 1885–1967, franz. Schriftsteller

Mayreder, 1858–1938, österr. Schriftstellerin

Menander, 342–291 v. Chr., griech. Dichter

Mencken, Henry Louis, 1880–1956, amerik. Journalist u. Schriftsteller

Miller, Henry, 1891–1980, amerik. Schriftsteller

Millet, Kate, geb. 1934, amerik. Schriftstellerin, Feministin

Milton, John, 1608–1674, engl. Dichter

Mitscherlich, Alexander, 1908–1982, dt. Psychoanalytiker u. Publizist

Monroe, Marilyn, 1926–1962, amerik. Filmschauspielerin, Sexidol

Montesquieu, Charles de Secondat, Baron de la Brède et de M., 1689–1755, franz. Schriftsteller und Philosoph

Montherlant, Henry de, 1896–1972, franz. Schriftsteller

Moreau, Jeanne, geb. 1928, franz. Filmschauspielerin

Morgenstern, Christian, 1871–1914, dt. Dichter

Morley, Christopher Darlington, 1890–1957, amerik. Dichter

Müller, Johannes von, 1752–1809, schweiz. Historiker u. Politiker

Munthe, Axel, 1857–1949, schwed. Arzt u. Schriftsteller

Muschg, Walter, 1898–1965, schweiz. Literaturhistoriker

Muthmann, Robert, geb. 1922, dt. Aphoristiker, Lyriker, Jurist

N

Neruda, Pablo, 1904–1973, chilenischer Lyriker, Nobelpreis für Literatur 1971

Nestroy, Johann, 1801–1862, österr. Schriftsteller u. Schauspieler

Nietzsche, Friedrich, 1844–1900, dt. Philosoph

Novalis (Pseudonym), Friedrich von Hardenberg, 1772–1801, dt. Dichter

O

Oesch, Emil, 1894–1974, schweiz. Schriftsteller u. Verleger

Olivier, Christiane, franz. Psychoanalytikerin (seit 1968)

Ortega y Gasset, José, 1883–1955, span. Philosoph, Soziologe u. Schriftsteller

Osborne, John, geb. 1929, engl. Dramatiker

P

Pagnol, Marcel, 1895–1974, franz. Schriftsteller

Pascal, Blaise, 1623–1662, franz. Philosoph, Mathematiker u. Schriftsteller

Paul, Jean (eigentl. Johann Paul Friedrich Richter), 1763–1825, dt. Schriftsteller

Paulus, Anfang des 1. Jahrhunderts – 60, Apostel u. Missionar, Verfasser der ältesten Schriften des Neuen Testaments

Paz, Octavio, geb. 1914, mexikanischer Schriftsteller, Nobelpreis für Literatur 1990

Peltzer, Karl, österr. Schriftsteller

Penzoldt, Ernst, 1892–1955, dt. Dichter, Bildhauer u. Graphiker

Pestalozzi, Hans A., geb. 1929, schweiz. Publizist

Pestalozzi, Johann Heinrich, 1746–1827, schweiz. Pädagoge u. Publizist

Petan, Zarko, geb. 1929, slowenischer Schriftsteller u. Aphoristiker

Pfeiffer, Michelle, geb. 1958, amerik. Filmschauspielerin

Picasso, Pablo, 1881–1973, span. Maler, Graphiker u. Bildhauer

Pinter, Harold, geb. 1930, engl. Dramatiker

Polgar, Alfred, 1873–1955, österr. Feuilletonist, Essayist u. Kritiker

Pound, Ezra, 1885–1972, amerik. Dichter, Lyriker

Proudhon, Pierre Joseph, 1809–1865, franz. Sozialist u. Schriftsteller

Proust, Marcel, 1871–1922, franz. Schriftsteller

Publius Syrus, röm. Mimendichter des 1. Jahrhunderts v. Chr.

Pythagoras von Samos, um 57–500 v. Chr., griech. Philosoph

Q

Qualtinger, Helmut, 1928–1986, österr. Schauspieler, Kabarettist u. Schriftsteller

R

Raabe, Wilhelm, 1831–1910, dt. Schriftsteller

Raupach, Ernst, 1784–1852, dt. Dramatiker u. Historiker

Reichert, Willy, 1896–1973, dt. Schauspieler, Kabarettist u. Autor

Reich-Ranicki, Marcel, geb. 1920, dt. Literaturkritiker poln. Herkunft

Ringelnatz, Joachim, 1883–1934, dt. Autor u. Schauspieler

Rolland, Romain, 1866–1944, franz. Schriftsteller, Nobelpreis für Literatur 1915

Roosevelt, Eleanor, 1884–1962, amerik. Politikerin

Rosegger, Peter, 1843–1918, österr. Schriftsteller

Rousseau, Jean-Jacques, 1712–1778, franz.-schweiz. Philosoph u. Schriftsteller

Rühmann, Heinz, 1902–1994, dt. Filmschauspieler

Russell, Bertrand, Earl, 1872–1970, engl. Mathematiker u. Philosoph, Schriftsteller, Nobelpreis für Literatur 1950

S

Sagan, Françoise, geb. 1935, franz. Schriftstellerin

Saint-Exupéry, Antoine de, 1900–1944, franz. Romanautor u. Erzähler

Saint-Simon, Claude-Henri de, 1760–1825, Sozialphilosoph

Sand, George, 1804–1876, franz. Schriftstellerin, frühe Vorkämpferin der Emanzipation

Sartre, Jean-Paul, 1905–1980, franz. Philosoph u. Schriftsteller, Nobelpreis für Literatur 1964 (abgelehnt)

Schiller, Friedrich von, 1759–1805, dt. Dichter

Schlegel, Friedrich von, 1772–1829, dt. Kulturphilosoph u. Dichter

Schmidt, Lothar, geb. 1922, dt. Politikwissenschaftler u. Aphoristiker

Schneider, Romy, 1938–1982, dt. Filmschauspielerin

Schnitzler, Arthur, 1862–1931, österr. Schriftsteller u. Dramatiker

Schwarzer, Alice, geb. 1942, dt. Publizistin, Feministin (Herausgeberin von »Emma«)

Schweitzer, Albert, 1875–1965, dt. Arzt u. Philosoph, Friedensnobelpreis 1952

Seneca, Lucius Annaeus, etwa 4 v. Chr.– 65 n. Chr., röm. Dichter und Philosoph

Seume, Johann Gottfried, 1763–1810, dt. Dichter

Shakespeare, William, 1564–1616, engl. Dramatiker, Schauspieler u. Dichter

Shaw, George Bernard, 1856–1950, irischer Dichter, Nobelpreis für Literatur 1925

Simenon, Georges, 1902–1989, belg. Kriminalschriftsteller franz. Sprache

Sokrates, um 470–399 v. Chr., griech. Philosoph

Solanas, Valerie, amerik. Feministin (Vertreterin extremer Positionen, auch unter Feministinnen stark umstritten)

Spencer, Herbert, 1820–1903, engl. Philosoph u. Sozialwissenschaftler

Sperber, Manès, 1905–1984, franz. Schriftsteller österr. Herkunft

Staël, Germaine, gen. Madame de Staël, 1766–1817, franz. Schriftstellerin schweiz. Herkunft,
zu ihrer Zeit eine der bedeutendsten Persönlichkeiten des franz. Geisteslebens

Stendhal (Pseudonym), eigentl. Henri Beyle, 1783–1842, franz. Schriftsteller

Stifter, Adalbert, 1808–1868, österr. Dichter

Streisand, Barbara, geb. 1942, amerik. Filmschauspielerin, Regisseurin, Sängerin

Strindberg, August, 1849–1912, schwed. Schriftsteller u. Dramatiker

Sudermann, Hermann, 1857–1928, dt. Schriftsteller u. Dramatiker

Suttner, Bertha von, 1843–1914, österr. Schriftstellerin, Pazifistin u. Frauenrechtlerin, erhielt 1905 als erste Frau der Welt den Friedensnobelpreis

Swift, Jonathan, 1667–1745, irischer Schriftsteller

T

Tagore, Rabindranath, 1861–1941, indischer Dichter u. Philosoph, Nobelpreis für Literatur 1913

Tertullian, um 160–um 222, christl. Apologet, ältester lateinischer Kirchenschriftsteller

Tille, Peter, geb. 1938, dt. Schriftsteller und Aphoristiker

Timotheus, lt. Neuem Testament ein Schüler u. Mitarbeiter des Apostels Paulus

Tucholsky, Kurt, 1890–1935, dt. politisch-satirischer Schriftsteller u. Romanautor

Turgenjew, Iwan Sergejewitsch, 1818–1883, russ. Schriftsteller

Twain, Mark, 1835–1910, amerik. Schriftsteller

U

Uhlenbruck, Gerd, geb. 1929, Aphoristiker, Hochschullehrer

Ullmann, Liv, geb. 1938, norw. Bühnen- u. Filmschauspielerin

Updike, John, geb. 1932, amerik. Schriftsteller

Ustinow, Peter (Sir), geb. 1921, engl. Schauspieler, Regisseur, Schriftsteller

V

Vilar, Esther, geb. 1935, dt. Publizistin

Vinci, Leonardo da, 1452–1519, ital. Maler, Bildhauer, Architekt, Ingenieur, Kunsttheoretiker u. Naturforscher

Vischer, Friedrich Theodor von, 1807–1887, dt. Schriftsteller

Voltaire, François-Marie Arouet, 1694–1778, franz. Philosoph u. Dichter

W

Warhol, Andy, 1927–1987, amerik. Künstler u. Filmemacher

Weber, Karl Julius, 1767–1832, dt. Schriftsteller

Wedekind, Frank, 1864–1918, dt. Dramatiker u. Schriftsteller

Weininger, Otto, 1880–1903, österr. Philosoph u. Psychologe (Frauenverächter)

Welch, Raquel, geb. 1940, amerik. Filmschauspielerin u. Sängerin

Welles, Orson, 1915–1985, amerik. Bühnen- u. Filmschauspieler, Drehbuchautor, Regisseur u. Produzent

Wells, Herbert George (H.G.), 1866–1946, engl. Schriftsteller

Wieder, Hanne, 1929–1990, dt. Schauspielerin

Wiesner, Heinrich, geb. 1925, dt. Aphoristiker

Wilde, Oscar, 1854–1900, irischer Dichter

Wilder, Thornton, 1897–1975, amerik. Schriftsteller u. Dramatiker

Wilson, (Thomas) Woodrow, 1856–1924, amerik. Präsident, Friedensnobelpreis 1919

Wolf, Christa, geb. 1929, dt. Schriftstellerin

Woolf, Virginia, 1882–1941, engl. Schriftstellerin (feministisch engagiert)

Z

Zola, Émile, 1840–1902, franz. Romanautor, Dramatiker

Zuckmayer, Carl, 1896–1977, dt. Schriftsteller

Zweig, Stefan, 188–1942, österr. Schriftsteller

Über den Herausgeber

Christian Götz,

geboren 1940, lebt und arbeitet seit Beginn des Jahres 1993 als freier Publizist in Düsseldorf. Zuvor war er dreißig Jahre als Redakteur sowie in politischen Führungspositionen tätig. Neben zahlreichen Beiträgen für Zeitungen und Zeitschriften veröffentlichte er bisher sechs Bücher, zuletzt die Anthologie »Mit Leidenschaft und Augenmaß – 500 ausgewählte Aphorismen, Sprichwörter und die Zitate gegen Politikverdrossenheit« und die Biographie »Die Rebellin: Bertha von Suttner«. Mitglied im Verband der Schriftsteller (VS).